Libro De Cocina De Dieta Mediterránea Para Principiantes

Guía Para La Pérdida De Peso Fácil Y Comprobada Recetas De Planes De Comidas

Por *Abigail Murphy*

Para más libros interesantes, visite:

EffingoPublishing.com

Descargue otro libro gratis

Queremos agradecerle por la compra de este libro y ofrecerle otro libro, "Errores en la salud y el acondicionamiento físico que no sabe que está cometiendo", completamente gratis.

Visite el siguiente enlace para inscribirse y recibirlo:

www.effingopublishing.com/gift

En este libro, echaremos un vistazo a los errores más comunes que probablemente esté cometiendo en este momento en el área de la salud y el acondicionamiento físico, y le mostraremos cómo puede volver rápidamente a estar en la mejor forma de su vida.

Además de este valioso regalo, también tendrá la oportunidad de obtener nuestros nuevos libros de forma gratuita, participar en sorteos y recibir otros correos electrónicos útiles de nuestra parte. Una vez más, visite el enlace para registrarse:

www.effingopublishing.com/gift

TABLA DE CONTENIDO

Introducción 8

CAPÍTULO 1: ¿QUÉ ES LA DIETA MEDITERRÁNEA? 11

Beneficios de la Dieta Mediterránea 13

CAPÍTULO 2: COMENZAR LA DIETA 20

Lista de compras de la Dieta Mediterránea: Su camino hacia la cocina mediterránea 20

Preparación para una nueva dieta: Cómo asegurar el éxito 26

Cocine su comida. 27

Preguntas frecuentes sobre la Dieta Mediterránea 32

CAPÍTULO 3: 52 RECETAS FÁCILES Y PROBADAS DE LA DIETA MEDITERRÁNEA PARA UN CORAZÓN SANO 39

Desayunos 40

Tazón de Huevo y Quinua 41

Bollitos Mediterráneos 44

Tostadas de frijoles y fetas 48

Tostada de aguacate 51

Huevos escalfados en sartén 53

Cuartos de tortilla de huevos con brie y tocino 56

Avena para la noche 59

Tazón de garbanzos y pepinos 60

Panecillos de huevo con relleno de jamón 63

Huevos revueltos con espinacas y frambuesas 66

Ensaladas **68**

Ensalada de Farro 69

Ensalada de garbanzos y calabacines 73

Ensalada de alcachofas 76

Ensalada búlgara 79

Ensalada griega fácil 85

Ensalada de rúcula con higo y nueces 88

Ensalada de coliflor con aderezo de tahina 91

Ensalada mediterránea de patatas 94

Ensalada de quinoa y pistacho 97

Sopas **100**

Sopa de pollo Avgolemono 101

Sopa de tomate y lenteja 103

Sopa de vegetales y de quinua 107

Sopa de pescado 110

Sopa de papa 113

Sopa de Limón y Pollo 116

Sopa de judías blancas y col rizada 119

Sopa de Camarones, Tomate y Arroz 122

Sopa de Pera y de Calabaza 125

Sopa de Hummus 129

Platos Principales 132

Patatas asadas y calabacín 133

Salmón asado con zanahorias, remolacha y naranjas 136

Salmón al limón sobre una cama de frijoles de Lima 139

Moussaka de vegetales 142

Mejillones con aceitunas y patatas 146

Pollo al limón 149

Berenjena y eneldo en salsa de yogur 152

Chuletas de cordero a la parrilla con hojas de menta 155

Garbanzos y Espinacas 158

Salmón a la parrilla con aceitunas y tomillo 160

Pizza de coliflor en salsa griega de pesto de yogur 163

Albóndigas de pavo Gyro 168

Postres 171

Crema agria de bayas y crema agria Brulee 171

Ensalada de frutos rojos en jarabe de vainilla y limón 174

Pudín de yogur y de Chía 177

Manzanas y nueces con yogur de crema batida 180

Yogur de granola con pistacho 183

Uvas y queso de cabra con bayas de trigo 186

Ensalada Arco Iris 189

Quinoa con jengibre y plátanos..191

Yogur congelado con queso feta...194

Tortitas de yogur y bayas 196

CAPÍTULO 4: SU PLAN DE COMIDA MEDITERRÁNEA DE 14 DÍAS............................199

La importancia de la planificación de las comidas: Desarrollo de su plan de comidas para la dieta mediterránea 200

Semana 1: Plan de Alimentación Mediterránea..203

Semana 2: Plan de Alimentación Mediterránea .209

Pautas para la elaboración de un plan de comidas..........221

PALABRAS FINALES 227

SOBRE LOS COAUTORES 229

INTRODUCCIÓN

Usted es lo que come. Las elecciones que hace sobre lo que pone en su plato definen el tipo de vida que disfruta.

Este libro le proporcionará estrategias que harán que su viaje y transición sean relativamente fáciles. Incluye más de cincuenta recetas fáciles de seguir y un plan de comidas de dos semanas para que vaya por el buen camino.

"La alimentación sana es una solución a muchos de nuestros problemas de salud. Es la solución más importante.

John Mackey

Además, antes de comenzar, le recomiendo que se una a nuestro boletín de noticias por correo electrónico para recibir actualizaciones sobre cualquier nuevo lanzamiento de libros o promociones. Puede inscribirse gratuitamente y, como bono, recibirá un regalo. Nuestro libro "*Errores en la salud y el acondicionamiento físico que no sabe que está cometiendo*". Este libro ha sido escrito para desmitificar, exponer lo que se debe y no se debe hacer y finalmente equiparlo con la información que necesita para estar en la mejor forma de su vida. Debido a la abrumadora cantidad de desinformación y mentiras que dicen las revistas y los autoproclamados "gurús", cada vez es más difícil obtener información confiable para ponerse en forma. No tiene que pasar por docenas de fuentes tendenciosas, poco fiables y no confiables para obtener su información sobre salud y acondicionamiento físico. Todo lo que necesita para ayudarle se ha desglosado en este libro para que pueda seguirlo fácilmente y obtener resultados inmediatos para alcanzar sus objetivos de fitness deseados en el menor tiempo posible.

Una vez más, para unirse a nuestro boletín electrónico gratuito y recibir una copia gratuita de este valioso libro, por favor visite el enlace y regístrese ahora:

www.effingopublishing.com/gift

CAPÍTULO 1: ¿QUÉ ES LA DIETA MEDITERRÁNEA?

Las raíces de la cocina mediterránea no pueden atribuirse a ningún país o cultura en particular, sino a las primeras civilizaciones del mundo que rodearon el Mar Mediterráneo. Gracias a los intercambios que se han producido, este régimen está demostrando ser una colaboración masiva entre Europa, Asia y África.

El clima que rodea a estas regiones contribuye al calor característico de la cocina y a la sensación de sol. Implica el uso de muchas frutas, vegetales, granos enteros, nueces, frijoles y semillas. El aceite de oliva es el ingrediente más importante porque los olivos son abundantes en la región. Además de sus beneficios para la salud, da a los platos un sabor único, fermentación y acidez.

El interés mundial por la dieta mediterránea no apareció hasta el decenio de 1960. Durante ese período se produjo un notable aumento de las muertes por enfermedades cardíacas, pero los niveles fueron considerablemente más bajos en los países del Mediterráneo. Desde entonces, esta dieta ha sido recomendada como una guía dietética para los pacientes que sufren de enfermedades cardíacas y es altamente reconocida por la Organización Mundial de la Salud (OMS) debido a su sostenibilidad.

Beneficios de la Dieta Mediterránea

Hay muchas opciones de dieta para todos. Estas opciones pueden ser bastante abrumadoras, por lo que es común que la gente se sumerja en patrones de alimentación que sólo parecen prometedores en la superficie, pero que no ofrecen mucho valor.

Una dieta mediterránea para principiantes es más que un programa de pérdida de peso. Cuando se aplica correctamente, es un estilo de vida transformador que puede mejorar y fortalecer su vida.

Para entender mejor esto, aquí hay una discusión detallada de los beneficios de adoptar un estilo de vida mediterráneo:

1. Mantiene los músculos fuertes y ágiles. Es natural que el cuerpo se deteriore lentamente con la edad. El cumplimiento prolongado de la dieta mediterránea da como resultado una disminución significativa de la debilidad y fragilidad muscular, permitiéndole mantenerse activo y ágil incluso con la edad.

1. **Previene la aparición de enfermedades cardíacas y de accidentes cerebrovasculares.** Los beneficios para el corazón de la dieta mediterránea se deben a la exclusión de los alimentos procesados, las carnes rojas, el pan refinado y los licores fuertes de la dieta. El estilo de vida tiene más en cuenta lo que comes, así que tu corazón está protegido de los daños. Los estudios muestran que los pacientes que cambiaron a una dieta mediterránea rica en nueces y aceite de oliva extra virgen encontraron una reducción del 30% en los episodios de infarto y del 20% en los accidentes cerebrovasculares.

2. **Ayuda a controlar la progresión y el desarrollo de la diabetes tipo 2.** La Dieta Mediterránea es rica en fibra, por lo que ayuda a la digestión y al metabolismo. Con una implementación adecuada, un paciente puede controlar eficazmente los picos en sus niveles de azúcar en la sangre, permitiendo un control saludable de la diabetes. Más importante aún, ayuda a la pérdida de peso.

3. **Reduce el riesgo de desarrollar la enfermedad de Alzheimer.** La enfermedad de Alzheimer es una enfermedad degenerativa que afecta a las células cerebrales. Es progresiva, y cuando una persona tiene la enfermedad de Alzheimer, sus habilidades mentales, sociales y de comportamiento se ven afectadas. El riesgo de la enfermedad de Alzheimer y la demencia

se reduce con la mejora de los niveles de colesterol, circulación y azúcar en la sangre

4. **También reduce el riesgo de desarrollar la enfermedad de Parkinson.** La Dieta Mediterránea es rica en antioxidantes de frutas, vegetales y grasas saludables. El mantenimiento de este tipo de dieta previene el estrés oxidativo que traerá daños, y por lo tanto causará la degeneración relacionada con la enfermedad de Parkinson.

5. **Ayuda a reducir la inflamación.** Los estudios demuestran que el cumplimiento prolongado de la dieta mediterránea puede reducir significativamente la tasa de biomarcadores de inflamación que causan sufrimiento crónico. El estrés oxidativo es la principal causa de inflamación, pero

los altos niveles de antioxidantes de la dieta mediterránea ayudarán a controlar la aparición de la inflamación. Los alimentos ricos en betaína (espinacas, remolacha) y colina (soja, yemas de huevo) tienen mayores propiedades antiinflamatorias.

6. **Ayuda a combatir el cáncer.** Las investigaciones han demostrado que la adhesión a un estilo de vida mediterráneo ayuda a reducir el riesgo de desarrollo de cáncer, así como la mortalidad relacionada con el cáncer.

7. **Mejora el estado de la piel.** El aceite de oliva es rico en vitamina E y antioxidantes, y el vino tinto es rico en resveratrol que inhibe el crecimiento de las bacterias. El consumo prolongado de la Dieta Mediterránea hará que su piel se vea más radiante y brillante.

8. **Prolonga la vida.** Con la continua implementación de la Dieta Mediterránea, usted protege su corazón de las enfermedades cardíacas, del cáncer y de todo tipo de enfermedades. Este tipo de protección prolonga la vida al reducir significativamente el riesgo de muerte en un 20%.

9. **Ayuda a la pérdida de peso.** La Dieta Mediterránea es baja en calorías, y esto ayuda a la pérdida de peso. Para perder peso, las personas luchan con el conteo de calorías, como un medio para controlar su consumo de alimentos. Los ingredientes básicos de la Dieta Mediterránea son bajos en calorías, por lo que no hay que molestarse en contarlos. También son ricos en fibra, por lo que esta dieta ayuda a mejorar la digestión.

Contrariamente a lo que mucha gente piensa, la pérdida de peso no se trata de morir de hambre. Se trata de comer bien y elegir los ingredientes adecuados. Siguiendo esta dieta, puede empezar a notar un aumento de peso impresionante.

CAPÍTULO 2: COMENZAR LA DIETA

El concepto erróneo sobre la Dieta Mediterránea es que se trata de comer alimentos frescos y crudos. El conocimiento de la pirámide de la Dieta Mediterránea le enseñará que la mesa no se limita a las frutas y verduras. Aunque son el componente más significativo de esta dieta, hay mucho más en los alimentos mediterráneos que sólo frutas y verduras.

Lista de compras de la Dieta Mediterránea: Su camino hacia la cocina mediterránea

¿Qué es la Pirámide de la Dieta Mediterránea? Para entender mejor esta dieta y lo que se va a tratar en la cocina, aquí hay un resumen de su típica lista de compras mediterráneas.

Frutas y verduras. La mayor parte de la Dieta Mediterránea se compone de frutas y verduras. Son bajas en calorías y son ricas en todo tipo de vitaminas y minerales. Su lista de compras debe incluir más de lo siguiente:

a. Frutas (manzanas, albaricoques, aguacates, plátanos, bayas, cerezas, clementinas, dátiles, higos, uvas, melones, naranjas, peras, melocotones, fresas, tomates)

b. Hortalizas (alcachofas, rúcula, remolacha, brócoli, coles de Bruselas, col, coliflor, berza, pepinos, col rizada, cebollas, guisantes, pimientos, patatas, espinacas, nabos, ñames, calabacines)

El aceite de oliva es la principal fuente de grasas saludables en las comidas mediterráneas. Contiene grasas monosaturadas, que reducen el colesterol y las "grasas malas" (LDL). puede usar aceite de oliva para cocinar y como aderezo.

Nueces, semillas, granos y legumbres. Los frutos secos, al igual que los aceites, son una excelente fuente de grasas monoinsaturadas. Las fuentes bajo esta categoría incluyen:

a. Nueces (almendras, anacardos, avellanas, nueces de macadamia, piñones, nueces)

b. Granos (cebada, arroz integral, bulgur, trigo sarraceno, cuscús, farro, bayas de trigo, pan integral y envolturas)

c. Semillas (sésamo, girasol, calabaza)

d. Frijoles y Legumbres (garbanzos, habas, cacahuetes, guisantes, legumbres)

Hierbas y especias. Los platos mediterráneos son deliciosos gracias a una variedad de hierbas y especias. Entre las especias que se destacan son la albahaca, la canela, el cilantro, el romero, la menta, el orégano, el perejil, la pimienta, la salvia, el estragón, el ajo y muchas otras. Todas estas especias tienen sus beneficios nutricionales.

Pescados y mariscos. Los pescados grasos son ricos en ácidos grasos omega-3 y se consideran la piedra angular de la dieta mediterránea. Los ácidos grasos omega-3 son abundantes en las grasas poliinsaturadas, que tienen propiedades antiinflamatorias. El consumo regular de alimentos ricos en ácidos grasos omega-3 ayuda a reducir los niveles de triglicéridos y a disminuir el riesgo de coagulación de la sangre, de insuficiencia cardíaca y de apoplejía:

a. Atún blanco

b. Trucha de lago

c. Arenque

d. Caballa

e. Salmón

f. Sardinas

g. Los demás mariscos y pescados (gambas, mariscos, almejas)

Aves y huevos. Junto con el pescado, las aves de corral (pollo, pato y pavo) serían una buena fuente de proteínas saludables. Las carnes magras se consumen en las dietas mediterráneas, pero sólo con estricta moderación.

Carne. Al igual que el pescado y las aves de corral, las carnes son una buena fuente de proteínas pero se disfrutan menos que las aves de corral. Ejemplos de carnes son el cerdo, la ternera y el cordero.

Queso y Yogurt. Productos lácteos permitidos en la Dieta Mediterránea.

a. Productos lácteos (quesos no procesados como el brie, feta, parmesano, ricotta)

b. Yogur (yogur natural y griego)

Vino. El vino es una parte importante de la cocina mediterránea, pero con estricta moderación. Esta restricción es de 3 onzas para las mujeres y 5 onzas para los hombres. El vino mejora la experiencia gastronómica en general. Si el emparejamiento es excelente, puede incluso resaltar los sabores del plato más eficazmente.

Preparación para una nueva dieta: Cómo asegurar el éxito

Como con cualquier esfuerzo, es natural que quiera reclamar el éxito en este punto. Sus esfuerzos serán en vano si no sale victorioso, así que debe tener un plan. Para prepararse adecuadamente a nivel físico, mental y social, los siguientes consejos le ayudarán:

Aunque es una buena idea abordar este problema de la noche a la mañana, no sucederá de esa manera. Será difícil y es posible que tropiece varias veces antes de llegar a alguna parte. Es realmente una cuestión de aplicar la estrategia correcta. puede empezar con una comida vegetariana a la semana y luego una al día hasta que puedas manejar una dieta más mediterránea.

Cocine su comida.

El auténtico estilo de vida mediterráneo implica una buena relación con la comida de su plato. La mejor manera de asegurar esto es participar en la preparación de alimentos y en la cocina. En la cocina, conocerá cada ingrediente y apreciará cada detalle de este simple plato. Este tipo de relación con su comida le ayudará a adoptar la dieta muy fácilmente. Además, si se divierte en la cocina, puede esperar divertirse mientras come.

1. Sustitutos saludables

Empezar será difícil, especialmente si estás acostumbrado a toda la comida "mala". Aquí hay algunos sustitutos adecuados que puede pedir:

Pretzels, papas fritas, galletas y aderezo ranchero Zanahorias, brócoli y apio con salsa fresca

Carne salteada con arroz blanco Verduras salteadas con quinoa

Sándwich de pan blanco Tortillas de trigo integral

Helado de Pudín sin grasa

2. Reorganice su despensa de la cocina. Mire su despensa, ¿qué aspecto tiene? Ha visto la lista de compras del Mediterráneo, así que sabe lo que es bueno y lo que es malo para usted. Basándose en lo que ha aprendido, debería salir a comprar nuevos ingredientes y deshacerse de todos los alimentos e ingredientes que entren en conflicto con la dieta que está tratando de adoptar.

3. Variedad. La cocina mediterránea no está vinculada a un país o cultura en particular. Su historia es vasta porque está influenciada por varios países del Mediterráneo. Para elevar adecuadamente su experiencia culinaria, debe aceptar la variedad de platos que se ofrecen. La dieta mediterránea ofrece platos con raíces turcas, marroquíes, españolas, italianas, griegas y de Oriente Medio. Adelante, amplía tu paladar.

4. **Lea la etiqueta.** Al principio, puede ser un poco difícil y confuso comprar los ingredientes, pero no se desanime. Puede que haya estado comprando comida de cierta manera. Después de reestructurar su despensa, la llenará con cosas nuevas. La lectura de las etiquetas de los alimentos que compra le ayudará a conocerlos mejor.

5. **Disfrute de más pescado.** Si se le antoja carne, entienda que la dieta no es exclusivamente vegetariana. Si usted tiene antojo de fuentes de proteína más carnosas, es más seguro elegir el pescado. Es rico en ácidos grasos omega-3 saludables y es bajo en calorías.

6. Para satisfacer la pirámide de la dieta holística mediterránea.

Más allá de la alimentación, el verdadero estilo de vida mediterráneo fomenta un enfoque holístico que incluye el ejercicio y la socialización. Sirve como base para la pirámide. La actividad física reforzará el efecto de su dieta saludable. Al realizar actividad física, puede controlar la pérdida de peso y el metabolismo; y con una vida social sana, su estilo de vida mediterráneo adquiere un nivel completamente nuevo. Cuando tiene amigos y familia apoyándote, todo el viaje se vuelve más fructífero.

Preguntas frecuentes sobre la Dieta Mediterránea

Antes de embarcarse en el viaje real, es posible que tenga preguntas persistentes sobre la dieta. Siéntase libre de examinar esta sección:

- **¿Será caro mantener la Dieta Mediterránea?**

Todas las transiciones del plan le costarán algo de dinero. Construirá una nueva despensa y adoptará un nuevo estilo de vida. De hecho, el estilo de vida mediterráneo es barato, sobre todo si se compara con una despensa llena de alimentos procesados. La mayoría de las listas de compras del Mediterráneo están compuestas por verduras, frutas, trigo y granos.

- **¿La pasta y el pan son buenos?**

Los platos mediterráneos utilizan pasta y pan, pero las porciones se limitan a una taza o ½ taza (a menudo una guarnición). Así que, básicamente, la pasta y el pan son buenos, pero tiene que definir lo que le gusta en un plato. Para estar seguro, deberías elegir productos de grano entero. Aléjese de la harina blanca.

- **¿La Dieta Mediterránea es vegetariana?**

Aunque parece ser predominantemente vegetariana, no lo es. Lo que esta dieta promueve y enseña es la disciplina y la moderación, para que pueda respetar lo siguiente:

a. Consumo diario de frutas, verduras, grasas saludables y granos

b. Consumo semanal de aves, frijoles, huevos, aves de corral y pescado

c. Ingesta moderada de diversos productos lácteos

d. Limitado a un consumo mínimo o nulo de carne roja

- **¿Está prohibida la grasa?**

Como se mencionó anteriormente en el libro, el aceite de oliva es uno de los ingredientes fundamentales de la cocina mediterránea. Su abundancia en el Mediterráneo lo ha hecho destacar en la cocina. La grasa no es mala, siempre y cuando tengas el tipo de grasa adecuado. La grasa que abunda en los alimentos procesados es extremadamente poco saludable. Se llaman grasas trans (ácidos grasos trans insaturados) y son insaturados. Se ha descubierto que aumentan los niveles de LDL (grasa mala) y disminuyen los niveles de HDL (grasa buena) en el cuerpo.

- **¿Cuántas copas de vino se consideran saludables?**

Mientras el tema sea el alcohol, debe mantenerse con moderación. Una o dos copas de vino al día son seguras y saludables, pero debe entender que exceder el límite saludable pondrá en riesgo su corazón.

- **¿Qué alimentos o sustancias debo evitar?**

  La Dieta Mediterránea no es totalmente restrictiva. Exige disciplina e inculca responsabilidad. Sin embargo, uno debe ser lo suficientemente inteligente como para evitar todos estos alimentos no saludables:

  a. Carnes procesadas y otros alimentos procesados (hotdogs, salchichas)

  b. Aceites y granos refinados (aceite de semilla de algodón, aceite de canola, aceite de soja)

  c. Azúcar (gaseosa, caramelos, helados)

  d. Grasas trans (margarina)

- **¿Es segura la Dieta Mediterránea?**

  Con el auge de las diversas dietas de moda, es bastante difícil creer que las "dietas" estén destinadas a beneficios duraderos. En primer lugar, la dieta mediterránea no es una moda pasajera. Es una forma de vida que fue observada por varias naciones incluso antes de que se conociera, en las décadas de 1950 y 1960. Esta dieta es segura porque se centra en la calidad de los alimentos en lugar de la cantidad. Los platos mediterráneos son equilibrados, así que no te falta nada. Más importante aún, mejora el estado general de su vida.

- **¿Puedo tomar un café?**

  El café no está en contra de las restricciones dietéticas. La región mediterránea está obsesionada con el café, sobre todo porque es un poderoso antioxidante. Necesita ser más consciente del café que disfrute. Opte por el café o el expreso. Bébalo negro y con la menor cantidad de azúcar posible.

CAPÍTULO 3: 52 RECETAS FÁCILES Y PROBADAS DE LA DIETA MEDITERRÁNEA PARA UN CORAZÓN SANO

Tanto si adopta este nuevo estilo de vida por razones de salud como para perder peso, este libro de cocina de dieta mediterránea le ayudará a empezar. Los ingredientes y la forma de cocinar son característicos de la dieta mediterránea. La pérdida de peso es posible porque los platos son bajos en calorías y los ingredientes son saludables.

En este capítulo tendrá acceso a sencillas pero saludables y deliciosas recetas de la dieta mediterránea. No tiene que ser un experto en cocina para abordarlo, sólo tiene que estar listo para cambiar su vida. ¿Está listo?

Desayunos

La primera comida de la mañana es la más importante, ya que comenzará su día. Tiene que empezar bien, porque eso es lo que en última instancia determinará cómo se desarrolla el resto del día. Debe prestar más atención a lo que pone en su plato por la mañana porque las vitaminas y los nutrientes que tomas en el desayuno le ayudarán a funcionar eficazmente durante todo el día.

Aunque esté muy ocupado, necesita comer algo. No se salte el desayuno, ya que las consecuencias para la salud de saltarse las comidas sólo afectarán a su cuerpo y a su salud en general.

Tazón de Huevo y Quinua

¿Sabía que la combinación de la yema de huevo es rica en nutrientes y que las verduras frescas pueden aumentar la absorción de carotenoides en el cuerpo? Los carotenoides pueden ayudarle a protegerse contra las enfermedades del corazón. Así que disfrute de este sabroso tazón, y tenga la seguridad de que cada bocado será bueno para su corazón.

Calorías	Proteína	Carbohidratos	Lípidos
366	14	33	21

Ingredientes:

- ¼ aguacate maduro
- 1 huevo, llevado a temperatura ambiente
- ½ cucharadita de ajo, picado
- 1 taza de col rizada, picada
- 1 ½ cucharadita de aceite de oliva, dividida

- ½ taza de quinoa, cocida
- 1/3 taza de tomates cherry, cortados por la mitad
- sal y pimienta, al gusto

Instrucciones:

1. En una cacerola, hierva el huevo en unos 5 cm de agua. Hágalo sólo por 6 minutos e inmediatamente transfiera el huevo a agua helada y déjelo ahí por 1 minuto. Retire la cáscara y déjela a un lado.

2. En una sartén, saltee el ajo. Agregue la col rizada y revuelva hasta que esté tierna.

3. En un tazón, combine la col salteada, los tomates, la quinoa y el aguacate. Rocíe con una cucharadita de aceite de oliva ½. Sazone con sal y pimienta al gusto.

4. Corte el huevo por la mitad y cúbralo con el huevo hervido.

Bollitos Mediterráneos

¿Cuál es su ritual matutino ideal? ¿Quizás le gustaría sentarse rápidamente con una taza de té o café? Ahora, lo que es perfecto con esa taza caliente es un buen bollo. Esta receta es increíble. Es saludable y delicioso.

Calorías	Proteína	Carbohidratos	Lípidos
293	8	36	14

Ingredientes

- 1 cucharada de polvo de hornear
- 50g de mantequilla
- 100g de queso feta, en cubos
- 1 huevo, batido
- 350g de harina autoelevable
- 300ml de leche

- 10 aceitunas negras, sin hueso y partidas por la mitad

- 1 cucharada de aceite de oliva

- ¼ cucharadita de sal

- 8 tomates secos, picados

Instrucciones:

1. Precaliente el horno a 200oC. Engrasar una bandeja de hornear.

2. En un tazón, mezclar el polvo de hornear, la harina y la sal.

3. Añada el aceite y la mantequilla y revuelva hasta que la mezcla aparezca en migajas.

4. Añada el queso, los tomates y las aceitunas. Mezclar todo junto, luego hacer un pozo en el centro y verter la leche. Mézclelo todo, y debería obtener una masa pegajosa, pero no exagere.

5. Ponga un poco de harina en sus manos y déle a la masa una forma redonda. Cepille la superficie con el huevo. Ponga el plato en el horno y hornee hasta que se dore, unos 20 minutos.

6. Servir caliente con un poco de mantequilla.

Tostadas de frijoles y fetas

Aquí tiene una sabrosa receta de baguette con frijoles y queso feta. Esta no es una combinación común, los sabores de esta receta hacen del desayuno una gran experiencia. ¿Quién dice que sus mañanas tienen que ser aburridas? ¡Esta baguette mediterránea es fantástica!

Calorías	Proteína	Carbohidratos	Lípidos
354	20	28	18

Ingredientes:

- 4 rebanadas de baguette
- 350g de habas
- 100g de queso feta, escurrido
- 1 cucharadita de jugo de limón
- 2 cucharadas de hojas de menta, picadas

- 1 cucharada de aceite de oliva virgen extra
- 50g de verduras mixtas para ensalada
- 10 tomates cherry, cortados por la mitad

Instrucciones:

1. En una pequeña cacerola, pongan el agua a hervir.
2. Añada los frijoles y llévelos a ebullición, luego escúrralos y póngalos bajo agua fría. Pelar suavemente cada vaina, luego transferir las judías peladas a un bol.
3. Añada un poco de queso feta y hojas de menta, y luego rocíe con un poco de aceite. Sazonar con sal y pimienta. Júntense.
4. Añada las verduras de la ensalada, los tomates, el jugo de limón y el resto del aceite de oliva.
5. Tueste la baguette por ambos lados. Asegúrese de que estén doradas y crujientes. Con una cucharada de la

mezcla de queso y frijoles en la tostada, servir con las hojas de ensalada de temporada a un lado.

Tostada de aguacate

¿Siempre tiene prisa por la mañana? ¿No tiene tiempo para nada más que para las tostadas? Los aguacates son saludables y altos en grasa y fibra, así que su desayuno estará completo.

Calorías	Proteína	Carbohidratos	Lípidos
200	5	18	13

Ingredientes:

- 1 aguacate
- 1 rebanada de pan integral, tostado
- 1 cucharadita de jugo de limón
- ½ cucharadita de aceite de oliva virgen extra
- 1 pizca de hojuelas de pimiento rojo
- sal y pimienta, al gusto

Instrucciones:

1. En un tazón, mezcla el jugo de limón y el aguacate. Triture el aguacate con un tenedor. Sazonar con sal y pimienta.

2. Tostar un trozo de pan integral. Esparce un poco de aguacate en la tostada.

3. Llovizna con aceite de oliva y cubre con hojuelas de pimiento rojo.

Huevos escalfados en sartén

También conocido como Shakshuka, es un plato tradicional mediterráneo cuya característica más notable es el huevo. Es un delicioso plato de desayuno que seguramente le despertará y comenzará su día en la dirección correcta.

Calorías	Proteína	Carbohidratos	Lípidos
259	12	23	13.5

Ingredientes:

- 1 oz de queso feta, desmenuzado
- 2 cucharadas de cebollino, picado
- 4 huevos
- 3 dientes de ajo, picados
- 2 cucharadas de aceite de oliva extra virgen
- 1 taza de cebolla picada

- 1 cucharadita de orégano, picado
- 1 cucharada de orégano fresco
- 1 taza de pimiento rojo, picado
- 1 lata de tomates triturados
- 2 cucharaditas de vinagre de vino tinto
- ¼ taza de agua
- sal y pimienta, al gusto

Instrucciones:

1. Precalentar el horno a 175oC
2. En una sartén de hierro fundido, caliente el aceite y saltee la cebolla y el pimiento hasta que las cebollas estén translúcidas. Añada el ajo y déjelo saltear durante unos 2 minutos.
3. Añada ¼ taza de agua, vinagre de vino tinto, sal y tomates triturados. Deje que los ingredientes se cocinen a fuego lento hasta que la salsa se espese o unos 10 minutos. Añada el queso feta.

4. Crear 4 hendiduras a lo largo de la superficie de la salsa usando la parte posterior de la cuchara y luego romper un huevo cada una. Sazonar los huevos con pimienta negra. Trasladar la sartén al horno y dejar que los ingredientes se horneen hasta que las claras de huevo estén cocidas, o unos 12 minutos.

5. Espolvoree el orégano y el cebollino antes de servir.

Cuartos de tortilla de huevos con brie y tocino

Estas tortillas al estilo español son el compañero perfecto para el desayuno. Son fáciles de preparar y deliciosos, sobre todo si decides añadir queso para que tu desayuno sea más divertido.

Calorías	Proteína	Carbohidratos	Lípidos
395	25	3	31

Ingredientes:

- 100g de brie en rodajas
- 1 manojo de cebollinos, picado
- 1 pepino, sembrado y cortado por la mitad
- 6 huevos, ligeramente batidos

- 200g de rábano, en cuartos

- 200g de lardones ahumados

- 1 cucharadita de mostaza de Dijon

- 2 cucharadas de aceite de oliva

- 1 cucharadita de vinagre de vino tinto

- pimienta, al gusto

Instrucciones:

1. Precalentar la parrilla a fuego medio

2. En una pequeña sartén, caliente el aceite y fríe el tocino hasta que esté dorado y crujiente. Séquelo y escúrralo en un paño de cocina..

3. Caliente un poco de aceite en una sartén antiadherente. Trae los huevos, el perdón frito y el cebollino. Sazonar con pimienta negra. Mezcla bien y vierte en la sartén.

4. Deje que se cocine y añada el brie por encima. Déjelo asar hasta que se dore. Añada el vinagre, la mostaza y el resto del aceite.

5. Corte el huevo en segmentos y añada el pepino y los rábanos a la sartén antes de servir.

Avena para la noche

Como su nombre sugiere, la avena nocturna es la avena del desayuno que se prepara por adelantado o la noche anterior. Hágalo, así no tendrá que apurarse en la mañana. Pero también lo hace porque al hacerlo, permite que los sabores se mezclen bien, para que sean perfectos cuando los tenga por la mañana. Nota sobre la historia: Esta receta es relativamente básica, pero siéntase libre de añadirle una variedad de aderezos. Se puede utilizar aguacate, arándano, cereza, calabaza, plátano, frambuesa, melocotón, mango, manzana y muchos otros. No se limite.

Calorías	Proteína	Carbohidratos	Lípidos
258	12	34	8.7

Ingredientes:

- 1 cucharada de semillas de chía
- 1 cucharada de harina de linaza

- 1 ¼ taza de leche de nueces

- 1 taza de copos de avena

- 1/8 cucharadita de sal

- ½ taza de yogur griego

Instrucciones:

1. En un tazón, reúne todos los ingredientes. Asegúresede mezclar bien.

2. Guardar en la nevera durante la noche.

3. Por la mañana, cúbralo con su fruta favorita (o un ingrediente salado, si es necesario).

Tazón de garbanzos y pepinos

¿Quiere una ensalada para el desayuno? Esta ensalada fresca se sirve mejor con un huevo frito. Las texturas que proporcionan los diferentes ingredientes son interesantes y seguramente le divertirán en la boca.

Calorías	Proteína	Carbohidratos	Lípidos
365	19	28	15.6

Ingredientes:

- 2 cucharadas de queso feta, desmenuzado
- ½ lata de garbanzos, escurridos
- ½ taza de pepino, en rodajas
- 2 cucharaditas de eneldo, picado
- 2 huevos
- 1 ½ cdta. de aceite de oliva virgen extra
- 2 cucharadas de pimientos rojos asados, en rodajas
- 1 ½ cdta. de vinagre de vino tinto
- sal y pimienta, al gusto

Instrucciones:

1. En un bol, juntar el aceite de oliva y el vinagre de vino tinto. Sazone esto con sal y pimienta.

2. Añada las aceitunas, los pimientos y los garbanzos. Mezcle todo para que los sabores se combinen.

3. En una sartén, calentar el aceite y freír dos huevos. Déjelo a un lado.

4. Transfiera la ensalada a un bol. Disponga las rodajas de pepino y ponga los huevos fritos sobre la ensalada. Finalmente, espolvoree el eneldo picado y el queso antes de servir.

Panecillos de huevo con relleno de jamón

Cuando uno piensa en el desayuno, piensa en los huevos, y este panecillo es el perfecto compañero de desayuno porque cada bocado satisfactorio es como una cucharada de la bondad de la mañana. Es delicioso y saludable, así que le preparará adecuadamente para su día.

Calorías	Proteína	Carbohidratos	Lípidos
109	9.3	1.8	6.7

Ingredientes:

- 1 pizca de albahaca, para la guarnición
- ¼ taza de queso feta, desmenuzado
- 5 huevos
- 9 lonchas de jamón de charcutería

- 1 ½ cucharada de salsa pesto

- ½ taza de pimientos rojos asados

- 1/3 taza de espinacas, picadas

- sal y pimienta, al gusto

Instrucciones:

1. Precaliente el horno a 200oC. Engrasar un molde de panecillos.

2. Ponga una rebanada de jamón en el molde de panecillos. Asegúresede cubrir todos los lados del rollo.

3. Añada pimientos rojos asados a los rollos de jamón, y luego Añada una cucharada de espinacas sobre los pimientos.

4. Añada ½ cucharada de queso feta sobre las espinacas y los pimientos.

5. Bata los huevos en un tazón. Sazonar con sal y pimienta, luego dividir los huevos entre las tazas de

panecillos. Ponga las latas en el horno y hornee hasta que los huevos estén bien inflados, unos 15 minutos.

6. Retire cuidadosamente los rollos de jamón de la lata y adorne con salsa pesto, albahaca y el resto de pimientos rojos asados.

Huevos revueltos con espinacas y frambuesas

¿Qué tal una golosina dulce y salada para el desayuno? A algunos les gusta algo salado para el desayuno, pero otros quieren algo dulce. ¿Y si quiere las dos cosas? Esta simple receta a base de huevo satisfará ambos deseos para que puedas empezar bien tu día. Tiene un alto contenido de proteínas y fibra, pero también es bastante delicioso.

Calorías	Proteína	Carbohidratos	Lípidos
296	18	21	16

Ingredientes:

- 1 rebanada de pan integral tostado
- 1 cdta. de aceite de canola
- 2 huevos, batidos

- ½ taza de frambuesas

- 1 ½ tazas de espinaca bebé

- sal y pimienta, al gusto

Instrucciones:

1. En una sartén, caliente el aceite y cocine las espinacas hasta que se marchiten. Ponga esto a un lado en un plato.

2. Limpie la sartén y añada los huevos. Añada las espinacas. Sazonar con sal y pimienta.

3. Prepare las tostadas para el desayuno. Ponga una capa de espinacas y huevos. Entonces cúbrelo con frambuesas.

Ensaladas

Las ensaladas hacen que las comidas sean agradables porque pueden llevar un simple plato al siguiente nivel cuando se combina con una ensalada emocionante. Puede ser disfrutado como un acompañamiento o como una comida ligera, como usted desee.

Los platos mediterráneos se enorgullecen de la forma en que tratan las verduras de forma creativa. Las ensaladas de esta creación están llenas de un carácter fantástico y de excelentes sabores.

Ensalada de Farro

El farro es un producto de grano, y no es muy famoso, pero tiene un olor característico a nuez que va a aportar mucho sabor a cualquier plato. Esta receta de ensalada es tan increíble. Puede prepararlo con mucha antelación y luego guardarlo en la nevera para usarlo en el futuro.

Calorías	Proteína	Carbohidratos	Lípidos
365	13	43	5

Ingredientes:

Ensalada

- 2 ½ tazas de caldo de verduras
- ¾ taza de queso feta, desmenuzado
- 1 lata de garbanzos, escurridos
- 1 pepino, picado
- 1 ½ taza de farro perlado

- 1 cucharada de aceite de oliva
- ½ cebolla en rodajas
- 2 tazas de espinaca bebé, picada
- 1 pinta de tomates cherry cortados por la mitad
- 1 ¼ tazas de agua

Vestimenta

- 2 cucharadas de jugo de limón
- 1 cucharada de miel
- ¼ taza de aceite de oliva
- ¼ tsp orégano
- 1 pizca de hojuelas de pimiento rojo
- ¼ cucharadita de sal
- 1 cucharada de vinagre de vino tinto

Instrucciones:

1. Caliente el aceite en una sartén. Añada la espelta y cocínela durante un minuto. Asegúrese de revolverlo regularmente durante la cocción.

2. Añada agua y caldo, y luego caliente hasta que hierva. Reduzca el calor y hierva a fuego lento hasta que la espelta esté tierna, unos 30 minutos. Escurra el agua y transfiera la espelta a un tazón.

3. Añada las espinacas y mézclalas. Deje que se enfríe durante unos 20 minutos.

4. Añada el pepino, las cebollas, los tomates, el pimiento, los garbanzos y el queso feta. Mezcle bien para obtener una buena mezcla. Aparte y haga el aderezo.

5. En un pequeño tazón, combine todos los ingredientes del aderezo y mézclelos bien hasta que estén suaves.

6. Viértelo en el tazón y mézclalo bien. Sazone con sal y pimienta roja al gusto.

Ensalada de garbanzos y calabacines

Aquí hay un simple plato de ensalada con una simple salsa agria que complementará los sutiles sabores de las verduras.

Calorías	Proteína	Carbohidratos	Lípidos
258	5.6	19	18.5

Ingredientes:

- ¼ taza de vinagre balsámico
- 1/3 taza de hojas de albahaca, picadas
- 1 cucharada de alcaparras, escurridas y picadas
- ½ taza de queso feta, desmenuzado
- 1 lata de garbanzos, escurridos
- 1 diente de ajo, picado
- ½ taza de aceitunas Kalamata, picadas
- 1/3 taza de aceite de oliva

- ½ taza de cebolla dulce, picada
- ½ tsp orégano
- 1 pizca de hojuelas de pimiento rojo, trituradas
- ¾ taza de pimiento rojo, picado
- 1 cucharada de romero, picado
- 2 tazas de calabacín, cortado en cubos
- sal y pimienta, al gusto

Instrucciones:

1. En una ensaladera grande, mezcle las verduras y cúbralas bien.
2. Sirva esto a temperatura ambiente. Pero para obtener mejores resultados, ponga la ensaladera en el refrigerador para enfriarla durante un par de horas antes de servirla, para permitir que los sabores se combinen.

Ensalada de alcachofas

La alcachofa es muy nutritiva y deliciosa. Esta ensalada no parece gran cosa, pero da más de lo que se ve. Los sabores son excitantes y fáciles de preparar.

Calorías	Proteína	Carbohidratos	Lípidos
147	4	18	7.5

Ingredientes:

- 9 oz de corazones de alcachofa
- 1 cucharadita de albahaca picada
- 2 dientes de ajo, picados
- 1 tira de cáscara de limón
- 1 cucharada de aceitunas, picadas
- 1 cucharada de aceite de oliva

- ½ cebolla, picada

- 1 pizca, ½ cucharadita de sal

- 2 tomates, picados

- 3 cucharadas de agua

- ½ copa de vino blanco

- sal y pimienta, al gusto

Instrucciones:

1. caliente el aceite en una sartén. Saltee la cebolla y el ajo. Cocina hasta que las cebollas estén translúcidas. Sazonar con una pizca de sal.

2. Vierta el vino blanco y hierva a fuego lento hasta que el vino se reduzca a la mitad.

3. Añada los tomates picados, los corazones de alcachofa y el agua. Cocine a fuego lento, luego agregue la cáscara de limón y alrededor de ½

cucharadita de sal. Cúbrelo y cocínalo durante unos 6 minutos.

4. Añada las aceitunas y la albahaca. Sazone con sal y pimienta al gusto.

5. ¡Mezclar bien y disfrutar!

Ensalada búlgara

El búlgaro es de origen árabe y es un alimento de cereales hecho de trigo y avena. Es saludable, y con esta receta, es delicioso.

Calorías	Proteína	Carbohidratos	Lípidos
386	9	55	5

Ingredientes:

- 2 tazas de bulgur
- 1 cucharada de mantequilla
- 1 pepino, en trozos
- ¼ eneldo de taza
- ¼ taza de aceitunas negras, cortadas por la mitad
- 1 cda., 2 cdtas. de aceite de oliva

- 4 tazas de agua

- 2 cucharaditas de vinagre de vino tinto

- sal, al gusto

Instrucciones:

1. En una cacerola, tostar el bulgur sobre una combinación de mantequilla y aceite de oliva. Deje que los ingredientes se cocinen hasta que el bulgur se haya vuelto dorado y empiece a agrietarse.

2. Añada agua y sazone con sal. Cúbralo todo y déjelo hervir a fuego lento durante unos 20 minutos o hasta que el bulgur esté tierno.

3. En un recipiente, combine los trozos de pepino con aceite de oliva, eneldo, vinagre de vino tinto y aceitunas negras. Mezclar todo bien.

4. Combina el pepino y el bulgur.

Ensaladera de Falafel

Este nuevo tazón mediterráneo contiene todo lo que quiere en un delicioso y saludable plato. Presenta un surtido de vegetales así como falafels vegetarianos, así que cada bocado que tomas es realmente memorable. Si cocinas bien el falafel, disfrutarás de su característica crujiente. La variedad de texturas y sabores será tan impresionante que cada mordisco será memorable.

Esta receta utiliza falafels y hummus listos para usar, pero siéntete libre de hacer los tuyos si quiere abordarlos.

Calorías	Proteína	Carbohidratos	Lípidos
561	18.5	60.1	30.7

Ingredientes

- 1 cucharada de salsa de chile y ajo
- 1 cucharada de salsa de eneldo de ajo
- 1 paquete de falafels vegetarianos

- 1 lata de humus

- 2 cucharadas de jugo de limón

- 1 cucharada de aceitunas kalamata, sin hueso

- 1 cucharada de aceite de oliva virgen extra

- ¼ taza de cebolla, cortada en cubitos

- 2 tazas de perejil picado

- 2 tazas de papas fritas de pita

- 1 pizca de sal

- 1 cucharada de salsa tahina

- ½ taza de tomate, en cubitos

Instrucciones:

1. Cocine los falafels preparados. Déjelo a un lado.

2. Prepara la ensalada. En un bol grande, mezclar el perejil, la cebolla, el tomate, el zumo de limón, el

aceite de oliva y la sal. Descarte todo y déjelo a un lado.

3. Transfiera todo a los tazones de servir. Añada el perejil y cúbrelo con humus y falafels.

4. Espolvorea el tazón con salsa tahini, salsa de chile y ajo y salsa de eneldo.

5. Antes de servir, agregue el jugo de limón y mezcle bien la ensalada.

6. Servir con pan de pita a un lado.

Ensalada griega fácil

Una clásica receta de ensalada griega que puede preparar fácilmente si está de viaje y tiene poco tiempo. Mezcle los ingredientes y disfrute de cada deliciosa cucharada. Es nutritiva y fantástica.

Calorías	Proteína	Carbohidratos	Lípidos
292	6	12	35

Ingredientes:

- 4 oz de queso feta griego, en cubos

- 5 pepinos, cortados a lo largo

- 1 cucharadita de miel

- 1 limón, jugado y rallado

- 1 taza de aceitunas kalamata, sin hueso y cortadas por la mitad
- ¼ taza de aceite de oliva virgen extra
- 1 cebolla en rodajas
- 1 cucharadita de orégano
- 1 pizca de orégano fresco (para la cobertura)
- 12 tomates, en cuartos
- ¼ taza de vinagre de vino tinto
- sal y pimienta, al gusto

Instrucciones:

1. En un bol, remoje las cebollas en agua salada durante 15 minutos.
2. En un recipiente grande, reúna la miel, el jugo de limón, la cáscara de limón, el orégano, la sal y la pimienta. Mezclar todo.

3. Añada gradualmente el aceite de oliva, batiendo como lo hace, hasta que el aceite se emulsione.

4. Añadir las aceitunas y los tomates. Lánzala bien.

5. Añadir los pepinos

6. Escurrir las cebollas remojadas en agua salada y añadirlas a la mezcla de la ensalada.

7. Cubrir la ensalada con orégano fresco y queso feta. Rocíe con aceite de oliva y sazone con pimienta, al gusto.

Ensalada de rúcula con higo y nueces

Calorías	Proteína	Carbohidratos	Lípidos
403	13	35	24

Ingredientes:

- 5 oz de rúcula
- 1 zanahoria, raspada
- 1/8 cucharadita de pimienta de cayena
- 3 oz de queso de cabra, desmenuzado
- 1 lata de garbanzos sin sal, escurridos
- ½ taza de higos secos, en cuartos
- 1 cucharadita de miel
- 3 cucharadas de aceite de oliva
- 2 cucharaditas de vinagre balsámico

- ½ taza de nueces, cortadas por la mitad
- sal, al gusto

Instrucciones:

1. Precalentar el horno a 175oC

2. En una fuente para el horno, mezclar las nueces, 1 cucharada de aceite de oliva, pimienta de cayena y 1/8 de cucharadita de sal. Ponga la sábana en el horno y cocine hasta que las nueces estén doradas. Déjelo a un lado cuando termine.

3. En un bol, mezclar la miel, el vinagre balsámico, 2 cucharadas de aceite y ¾ cucharadita de sal.

4. En un bol grande, mezclar la rúcula, la zanahoria y los higos. Añada las nueces y el queso de cabra encima y rocía con la vinagreta de miel balsámica. Asegúrese de cubrir todo.

Ensalada de coliflor con aderezo de tahina

Una saludable y deliciosa ensalada que pondrá diferentes texturas y sabores en su boca. Esta receta requiere que usted mismo prepare el arroz con coliflor, pero si quiere saltarse esta parte, puede comprar rápidamente la coliflor a precios de tienda para ahorrar tiempo y esfuerzo. De lo contrario, siga la receta en su totalidad y haga el arroz con coliflor desde cero.

Calorías	Proteína	Carbohidratos	Lípidos
165	6	20	8

Ingredientes:

- 1 ½ lb cabeza de coliflor
- ¼ taza de cerezas secas
- 3 cucharadas de jugo de limón

- 1 cucharada de menta fresca, picada
- 1 cucharadita de aceite de oliva
- ½ taza de perejil picado
- 3 cucharadas de pistachos tostados salados, picados
- ½ cucharadita de sal
- ¼ taza de chalota, picada
- 2 cucharadas de tahini

Instrucciones:

1. Rallar la coliflor en un recipiente para microondas

2. Añada aceite de oliva y sal ¼. Asegúrese de cubrir y sazonar la coliflor de manera uniforme. Cubra el tazón con una envoltura de plástico y caliéntelo en el microondas durante unos 3 minutos.

3. Ponga el arroz con coliflor en una bandeja de horno y déjelo enfriar durante unos 10 minutos.

4. Añada el jugo de limón y los chalotes. Dejar reposar unos 10 minutos para que la coliflor absorba el sabor.

5. Añada la mezcla de tahini, cerezas, perejil, menta y sal. Mezclar todo bien.

6. Espolvoréelo con pistachos asados antes de servir.

Ensalada mediterránea de patatas

Cuando se piensa en la ensalada de patatas, se piensa en el aderezo ranchero, pero es muy diferente. Es bajo en grasa y nada en una selección de hierbas, tomates y pimientos. Es una ensalada de patatas como nunca la ha probado antes.

Calorías	Proteína	Carbohidratos	Lípidos
111	3	16	4

Ingredientes:

- 1 manojo de hojas de albahaca, desgarrado
- 1 diente de ajo, machacado
- 1 cucharada de aceite de oliva
- 1 cebolla en rodajas
- 1 cucharadita de orégano
- 100g de pimiento rojo asado. Rebanadas
- 300g de patatas, cortadas por la mitad

- 1 lata de tomates cherry

- sal y pimienta, al gusto

Instrucciones:

1. En una cacerola, calentar el aceite y saltear las cebollas hasta que estén translúcidas. Añada el orégano y el ajo. Cocina todo por un minuto.

2. Añadir el pimiento y los tomates. Sazone con sal y pimienta, luego deje que los ingredientes se cocinen a fuego lento durante unos 10 minutos. Ponga esto a un lado.

3. En una olla, hervir las patatas en agua salada. Deje que los ingredientes se cocinen hasta que se ablanden bastante, o sea unos 15 minutos. Drénelo bien.

4. Combinar las patatas con la salsa y añadir la albahaca y las aceitunas. Finalmente, tira todo antes de servir.

Ensalada de quinoa y pistacho

Los cereales están muy presentes en la cocina mediterránea. La quinua, aunque relativamente nueva en la escena, ha tomado su cómodo lugar en el centro. Esta ensalada es interesante. Las grosellas espinosas le dan una textura y un sabor increíbles. Pero siéntase libre de reemplazar las pasas si lo desea.

Calorías	Proteína	Carbohidratos	Lípidos
248	7	35	9.8

Ingredientes:

- ¼ cucharadita de comino

- ½ taza de pasas de Corinto secas

- 1 cucharadita de corteza de limón, rallada

- 2 cucharadas de jugo de limón

- ½ taza de cebollas de verdeo, picadas

- 1 cucharada de menta, picada
- 2 cucharadas de aceite de oliva virgen extra
- ¼ taza de perejil, picado
- ¼ cucharadita de pimienta molida
- 1/3 taza de pistachos, picados
- 1 ¼ tazas de quinua, sin cocer
- 1 2/3 tazas de agua

Instrucciones:

1. En una cacerola, reúna 1 2/3 tazas de agua, pasas de Corinto y quinua. Cocine todo hasta que hierva y luego reduzca el fuego. Cueza todo a fuego lento durante unos 10 minutos y deje que la quinoa se vuelva esponjosa. Déjelo a un lado por unos 5 minutos.

2. En un recipiente, transfiera la mezcla de quinua. Añada las nueces, la menta, las cebollas y el perejil. Mezclar todo.

3. En otro tazón, junte la cáscara de limón, el jugo de limón, las grosellas, el comino y el aceite. Bátelos juntos.

4. Combine los ingredientes secos y húmedos. ¡Que aproveche!

Sopas

La sopa es otra guarnición que se puede disfrutar durante la comida. A menudo se sirve caliente, ayuda a mantener el estómago listo para una comida, y si te sientes un poco enfermo, un tazón de cualquier cosa caliente es casi equivalente a un abrazo amistoso y reconfortante.

Estas sopas son fáciles de preparar y nutritivas. Si buscas algo ligero y delicioso, una sopa bien preparada puede ser una comida o tentempié suficiente.

Sopa de pollo Avgolemono

El avgolemono es una salsa de huevo y limón que se obtiene combinando huevos y limón con caldo. Se puede encontrar en varias cocinas como la griega, la árabe, la turca, la judía y la italiana. Este plato de sopa lleva la famosa salsa Avgolemono a un nuevo nivel. Es fácil de hacer, pero es delicioso.

Calorías	Proteína	Carbohidratos	Lípidos
451	32	42	15

Ingredientes:

- 6 tazas de caldo de pollo
- 1 taza de pechuga de pollo, cocida y desmenuzada
- 3 huevos
- ¼ taza de jugo de limón

- 1 taza de orzo

- sal y pimienta, al gusto

Instrucciones:

1. En una cacerola, caliente el caldo de pollo a fuego medio y ponlo a hervir.

2. Añada el orzo y cocine al dente. No deje que se vuelva suave y demasiado blando.

3. En un tazón, bata los 3 huevos. Añada lentamente la taza de caldo caliente, batiendo el huevo a medida que avanzas. Tan pronto como el huevo esté bien mezclado con la taza de caldo, devuélvelo a la olla.

4. Añada el pollo desmenuzado al caldo y cocina a fuego lento hasta que la sopa se espese. Esto debería tomar unos 4 o 5 minutos. Sazonar con sal y pimienta.

Sopa de tomate y lenteja

La belleza de las lentejas radica en los beneficios para la salud que ofrecen. Son ricas en proteínas y muy buenas para el corazón. Con un consumo regular, las lentejas pueden ayudar a reducir el nivel de colesterol. ¿Qué tal una receta de sopa que te permita disfrutar de algo saludable? Esta receta usa puré de tomate, pero si lo quiere más grueso, puede usar tomates cortados en dados.

Calorías	Proteína	Carbohidratos	Lípidos
260	14.7	37.9	2.3

Ingredientes:

- ¼ taza de vinagre balsámico (o vinagre de vino tinto)
- 6 tazas de caldo de verduras
- 2 tazas de apio, picado
- ¼ cdta. de clavos

- 4 dientes de ajo, picados

- 2 tazas de lentejas secas

- 1 cucharada de aceite de oliva

- 2 tazas de cebolla picada

- 1 taza de perejil picado

- 2 latas de tomates Roma

- sal y pimienta, al gusto

Instrucciones:

1. En una olla, saltee las cebollas y el apio. Deje que los ingredientes se cocinen hasta que las cebollas estén translúcidas o unos 10 minutos.

2. En un procesador de alimentos, haga un puré con los tomates. Añada estos a la olla de apio.

3. Añadir las lentejas y el caldo a la olla y dejar que los ingredientes se cocinen a fuego lento sin taparlas, durante unos 20 minutos.

4. Añada ½ taza de perejil, ajo, vino, diente, sal y pimienta. Mezcle bien y deje que los ingredientes se cocinen a fuego lento durante otros 25 minutos.

5. Añada el vinagre balsámico y cocine a fuego lento durante los últimos 5 minutos antes de servir.

Sopa de vegetales y de quinua

La combinación de sabor y textura en cada bocado es fascinante con esta sopa de quinua. La selección de vegetales es increíble. Le encantará cada cucharada de esta fantástica sopa.

Calorías	Proteína	Carbohidratos	Lípidos
144	7	19	4.8

Ingredientes:

- 6 tazas de caldo de pollo sin sal

- ¼ taza de coles de Bruselas, en rodajas

- ¼ taza de zanahoria, cortada en cubos

- ¼ taza de raíz de apio, en cubitos

- ¾ cucharadita de comino molido

- 4 dientes de ajo, en rodajas

- 2 cucharadas de aceite de oliva
- ¼ taza de cebolla
- ¼ taza de perejil, picado
- ¼ taza de pimiento rojo, cortado en cubos
- ¼ taza de papa russet, en cubos
- 1 taza de quinua cruda
- 1 cucharadita de romero, picado
- ½ taza de calabacín, en cubitos
- sal, al gusto

Instrucciones:

1. Precalentar el horno a 175oC
2. En una hoja para hornear, esparcir la quinua cruda. Métalo en el horno y deje que los ingredientes se horneen hasta que se doren o hasta que pasen unos

30 minutos. Recuerde revolver la quinoa cada 10 minutos para que no se pegue al fondo de la hoja.

3. En una olla, calentar el aceite. Añada la cebolla, el ajo, el pimiento y la zanahoria. Deje que los ingredientes se cocinen a fuego lento hasta que las verduras estén tiernas.

4. Añadir el caldo, la raíz de apio, las patatas y la quinoa asada. Sube el fuego, ponlo a hervir.

5. Añada las coles de Bruselas y los calabacines. Continúe cocinando todo hasta que la quinua esté bien cocida. Sazonarlo con sal, al gusto. Cúbrelo con perejil.

Sopa de pescado

La sopa de pescado es una sopa de pescado emocionante, que es un guiso rústico con sabores que ofrecen comodidad, especialmente cuando no se siente bien. Es una simple sopa que sabe muy bien. Esta receta está hecha con pescado, vieiras y camarones. Pero siéntese libre de adaptar el componente de pescado a su gusto específico.

Calorías	Proteína	Carbohidratos	Lípidos
393	56	0	0

Ingredientes

- 1 taza de caldo de mariscos
- 1 mazorca de maíz, cortada en 4 trozos
- 1 cucharada de condimento Old Bay
- 1 cucharada de perejil picado
- ½ cucharadita de pimiento rojo

- 1 patata roja, en cuartos

- 4 oz vieiras

- 1 lb de camarones, desvenados y sin cola

- 2 tazas de agua

- sal, al gusto

Instrucciones

1. En una olla grande o en un horno holandés, reúna el agua, el caldo de mariscos y la sal al gusto. Deje que los ingredientes se cocinen hasta que empiece a hervir.

2. Añadir el maíz y las patatas. Deje que todo se cocine hasta que la patata se ablande o unos 10 minutos.

3. Añada las vieiras y los camarones a la olla. Deje que se cocine durante unos 4 minutos.

4. Para servirlo, espolvoréelo con pimienta roja y perejil.

Sopa de papa

Esta receta de sopa puede parecer intimidante y laboriosa. Sin embargo, no se prive de ella porque es tan deliciosa, sana y saludable para el corazón. Los sabores son increíbles, y si usted es un fanático de los vegetales, esta es la mejor manera de disfrutarlo.

Calorías	Proteína	Carbohidratos	Lípidos
350	19	62	5

Ingredientes:

- 3 zanahorias, en rodajas
- ¼ taza de queso parmesano, rallado
- 4 tazas de caldo de pollo
- 1 diente de ajo, picado
- 2 cucharaditas de condimento italiano
- 1 lata de frijoles rojos

- 1 taza de fideos de trigo entero, sin cocer
- 1 ½ cucharadita de aceite de oliva
- ½ taza de cebolla
- ¼ cucharadita de pimienta molida
- 3 papas, en cubos
- 2 tazas de espinacas

Instrucciones:

1. En una olla, saltee las cebollas y el ajo hasta que las cebollas estén translúcidas o unos 4 minutos.
2. Añada el agua, el caldo de pollo (o de verduras), las zanahorias, las patatas y los condimentos. Cúbrelo todo y ponlo a hervir.
3. Una vez que hierva, reduzca el calor y deje que los ingredientes se cocinen a fuego lento. Añada los fideos y las judías y ponga la olla a hervir de nuevo. Cocine todo hasta que los fideos estén bien suaves.
4. Justo antes de servir, agregue las espinacas encima.

Sopa de Limón y Pollo

Esta sopa es cremosa y satisfactoria. Los sabores se complementan muy bien, y este tazón es perfectamente reconfortante, especialmente cuando te sientes un poco triste o deprimido por una enfermedad. Siéntase libre de reemplazar la leche de almendras por leche si tiene intolerancia a la lactosa.

Calorías	Proteína	Carbohidratos	Lípidos
330	32	12	6

Ingredientes:

- 2 cucharadas de albahaca, picada
- 2 latas de caldo de pollo
- 1 zanahoria, en rodajas
- 2 tazas de pollo, en cubos
- 1 cucharada de maicena

- 1 diente de ajo, picado

- ¼ taza de jugo de limón

- ½ taza de tiras de pimiento rojo, en rebanadas

- ½ taza de arroz blanco de grano largo

Instrucciones:

1. En una cacerola, calentar el caldo y llevarlo a ebullición. Añada las zanahorias y el arroz. Cocina todo hasta que las zanahorias estén tiernas.

2. Añada el pollo, el jugo de limón, el pimiento y el ajo. deje que los ingredientes se cocinen a fuego lento.

3. En un tazón pequeño, junte la maicena y la leche evaporada. Añada esto a la sopa.

4. Revuelva lentamente y añada el resto de la leche evaporada por incremento. Continuar calentando y llevarla a un ligero hervor y seguir revolviendo por un tiempo.

5. Retire del fuego y transfiera a un recipiente. Servir con albahaca encima.

Sopa de judías blancas y col rizada

El rasgo más significativo de este plato sopero es su característico sabor a ajo. Los sabores son increíbles, y si no eres un completo vegetariano, sabes que viene con una salchicha sorpresa. Siéntase libre de acompañar el jabón con tostadas.

Calorías	Proteína	Carbohidratos	Lípidos
200	15	21	8

Ingredientes:

- 1 libra de frijoles blancos
- 6 tazas de caldo de pollo
- 1 zanahoria, cortada en cubos
- 1 apio, cortado en cubos
- 5 dientes de ajo, picados
- 1 lb de col rizada, desgarrada

- 1 cucharada de jugo de limón
- ½ cucharadita de cáscara de limón
- 2 cucharadas de aceite de oliva
- ½ cebolla, picada
- 1/8 cucharadita de hojuelas de pimiento rojo, trituradas
- 1 ½ lb de salchicha dulce italiana
- sal y pimienta, al gusto

Instrucciones:

1. Pele las salchichas y rómpalas en pequeños trozos
2. En una olla honda o en un horno holandés, calentar 1 cucharada de aceite y cocinar las salchichas hasta que se doren. Escurra la grasa y transfiera las salchichas a un plato.
3. Añada el aceite restante a la olla y saltee las cebollas. Cocínelos hasta que estén translúcidos y fragantes.

4. Añadir el apio y las zanahorias. Remuévalos hasta que se hayan dorado. Asegúrese de raspar cualquier pedazo que se pegue al fondo de la sartén.

5. Añada el ajo y los copos de pimienta. Sazone con sal y pimienta.

6. Añadir el caldo y cocinar todo hasta que hierva.

7. Tan pronto como hierva, baje la calefacción. Añada la salchicha y la mitad de los frijoles. Mientras tanto, triturar el resto de los frijoles y añadirlos a la olla.

8. Añada la col rizada y deje que los ingredientes se cocinen a fuego lento hasta que estén bastante tiernas.

9. Añada el jugo de limón y la cáscara de limón - sazone con sal y pimienta.

Sopa de Camarones, Tomate y Arroz

Esta sopa es una comida en sí misma. Es una comida saludable y rica en proteínas que llena pero es baja en calorías. Siéntase libre de sustituir la fuente de proteína, pero esta receta funciona mejor con los camarones.

Calorías	Proteína	Carbohidratos	Lípidos
456	42	53	8

Ingredientes:

- 2 hojas de laurel
- 1 cucharada de ajo, picado
- 1 limón, en su jugo
- 1 cucharadita de aceite de oliva
- aceite de oliva en spray
- 1 taza de cebolla, cortada en cubitos
- 1 pizca de perejil

- 1 taza de pimiento, cortado en cubos
- 5 tazas de arroz integral
- 1 ½ lb de camarones, pelados y desvenados
- 4 tazas de espinacas
- 1 cucharada de tomillo
- 1 pizca de sal y pimienta

Instrucciones:

1. En una sartén, calentar el aceite y cocinar los camarones. Sazone con sal y pimienta. Deje que los ingredientes se cocinen hasta que los bordes se quemen.

2. Baje el fuego y añada el ajo y la cebolla. Siga cocinando hasta que las cebollas se caramelicen, pero asegúrese de no quemar el ajo. Raspe el fondo para quitar todo lo que se haya atascado.

3. Añada el tomillo y siga cocinando, sin dejar de remover.

4. Añada el caldo, el arroz y los tomates. deje que los ingredientes se cocinen a fuego lento. Añada las hojas de laurel y sazone con sal y pimienta. Cocine todo durante 10 minutos más. Siga añadiendo agua, la olla se está secando.

5. Una vez cocido, añadir el caldo restante. Adorne con perejil y limón.

Sopa de Pera y de Calabaza

Los sabores son una mezcla de sabores marroquíes y españoles. Rica en fibra y proteínas, cada cucharada proporciona un fantástico confort. La calabaza, la pera y la canela van tan bien juntas que pueden marcar la diferencia.

Calorías	Proteína	Carbohidratos	Lípidos
223	6	27	12

Ingredientes:

- 2 taza de caldo de pollo
- 1 rama de canela
- 2 dientes de ajo
- ½ taza de frijoles blancos
- 4 cucharadas de aceite de oliva virgen extra
- 1 cebolla

- 1 cucharadita de orégano seco
- 2 cucharadas de orégano fresco
- 2 cucharadas de perejil
- 1 pera, sin corazón y picada
- 1 pizca de pimienta negra
- 1 pizca, 1 cucharadita de sal
- 1 calabaza, pelada y cortada en cubitos
- 2 cucharadas de nuez
- ¼ taza de yogur griego

Instrucciones:

1. Precalentar el horno a 175oC
2. En un tazón, junte el aceite de oliva, la sal y la calabaza
3. Transfiera esta mezcla a una bandeja de asar y asegúrese de distribuir todo de manera uniforme.

Póngalo en el horno y deje que los ingredientes se horneen durante unos 25 minutos.

4. En una olla, calentar el aceite y saltear las cebollas hasta que se vuelvan translúcidas. Añada el ajo, el orégano seco y cocine por aproximadamente 1 minuto.

5. Añada la rama de canela de calabaza, la pera y el caldo. Sazonar con sal y pimienta, luego cubrir todo y dejar que los ingredientes lleguen a hervir.

6. Tan pronto como hierva, añada las nueces y los frijoles, luego reduzca el fuego y deje que los ingredientes se cocinen a fuego lento por un tiempo para permitir que los sabores se combinen. Puede dejarlo por unos 20 minutos.

7. Quitar la rama de canela y luego pasar la sopa en una licuadora para alisar todo.

8. Añada el yogur, mezclando la sopa a medida que lo hace, y deje que la sopa adquiera una consistencia cremosa.

9. Añada perejil y orégano - sazone con sal y pimienta, al gusto.

Sopa de Hummus

El humus es más conocido como salsa, pero esta sopa transforma un plato ya popular en algo más espectacular y saludable. Esta sopa vegetariana da vida a los sabores de un falafel tradicional, así que adelante y disfrútela con un trozo de pita asada para sumergirse en la bondad.

Calorías	Proteína	Carbohidratos	Lípidos
170	5	15	9

Ingredientes:

- 1 pimiento morrón, picado
- 3 tazas de caldo de verduras
- 2 cucharadas de mantequilla
- 1 lata de garbanzos
- 1 cucharadita de cilantro molido
- 1 cucharadita de comino molido

- 4 dientes de ajo
- 1 cucharada de jugo de limón
- 2 tazas de cebollas, cortadas en cubos
- 1/8 cucharadita de pimienta de cayena
- ¾ cucharadita de sal
- 2 cucharadas de pasta de tahín

Guarniciones

- 1/w taza de queso feta, desmenuzado
- ¼ taza de cilantro, picado
- 1 limón, cortado en gajos
- ¼ taza de perejil, picado
- 1 tomate ciruela, cortado en cubos
- ½ yogur de taza

Instrucciones:

1. En una olla honda o en un horno holandés, caliente la mantequilla y saltee las cebollas, el comino, el pimiento y el cilantro. Sazonar con sal y pimienta roja. Deje que los ingredientes se cocinen durante unos 8 minutos o hasta que las cebollas estén translúcidas.

2. Añadir el ajo y los garbanzos. Continúe revolviendo mientras cocina.

3. Añada el caldo y sube el fuego. Cocine todo por un minuto y luego retire la olla del fuego.

4. En una licuadora, mezcle la mezcla por incrementos, hasta lograr una consistencia suave. Añada el jugo de limón.

5. Servir con tomate, queso feta, cilantro, perejil y yogur encima. Finalmente, agregue algunos gajos de limón para exprimir.

Platos Principales

Para cualquier comida, el plato principal es la estrella, y esto proporciona la mayor parte de la nutrición para el cuerpo. Estos platos no sólo son llenadores y nutritivos, sino que también son deliciosos. puede comerlos para el almuerzo o la cena. Incluso puede usar algunas de estas recetas para cuando tengas visitas en la casa y quieras servir algo deliciosamente impresionante.

Patatas asadas y calabacín

Este plato de patatas y calabacines también se conoce como "Briam", y es un plato griego tradicional de verduras asadas. Es simple de preparar y delicioso, especialmente cuando se cubre con un poco de queso feta.

Calorías	Proteína	Carbohidratos	Lípidos
534	11.3	11.3	28.3

Ingredientes:

- 4 cucharadas de queso feta, desmenuzado
- ½ taza de aceite de oliva
- 2 cebollas, en rodajas
- 2 cucharadas de perejil picado
- 2 libras de patatas, en rodajas
- 6 tomates, en puré

- 54 calabacines, en rodajas
- sal y pimienta, al gusto

Instrucciones:

1. Precalentar el horno a 200oC

2. Prepare una fuente de horno grande (9x13 pulgadas). Ponga todas las papas, cebollas y calabacines en el plato. Asegúrese de repartir todo de manera uniforme.

3. Añada el puré de tomate, el perejil y el aceite de oliva. Sazone el plato con sal y pimienta. Mezcle todos los ingredientes y asegúrese de que las rebanadas de verduras estén sazonadas de manera uniforme. No dude en hacer un puré de tomates frescos en lugar de usar los de la lata.

4. Ponga el plato en el horno, deje que los ingredientes se horneen durante una hora, luego revuelva todo y déjelo hornear otra hora, o hasta que las verduras

estén bien cocidas. Si las verduras se secan demasiado, puede añadir agua caliente en el plato.

Salmón asado con zanahorias, remolacha y naranjas

Esta asombrosa receta de salmón en bandeja es muy simple, pero puede impresionar a los invitados si estás pensando en cocinar para unas pocas personas. Es fácil de hacer. Le sorprenderá de lo que puede lograr.

Calorías	Proteína	Carbohidratos	Lípidos
390	38	21	17

Ingredientes:

- 1 remolacha Chiogga, en rodajas
- 1 remolacha dorada, en rodajas
- 1 zanahoria, en rodajas
- 1 cdta. de semillas de hinojo, trituradas

- 2 cucharadas de jugo de limón
- 2 cucharadas de aceite de oliva
- 1 cebolla, cortada en gajos
- 2 naranjas de sangre, cortadas en trozos
- 1 naranja de ombligo, cortada en gajos
- 1 ½ lb de filete de salmón
- 2 cucharaditas de estragón, picado
- sal y pimienta, al gusto

Instrucciones

1. Precalentar el horno a 250oC. Hoja de hornear en línea con papel pergamino.
2. Seca el salmón con una toalla de papel.
3. En la bandeja para hornear, coloque el pescado en el centro y coloque las remolachas, zanahorias, cebollas y naranjas alrededor.

4. En un bol pequeño, junte el aceite, las semillas de hinojo, la sal y la pimienta. Rocíe esta mezcla de aceite en la parte superior del plato.

5. Ponga la bandeja de hornear en el horno y deje que los ingredientes se horneen hasta que el pescado se rompa en escamas.

6. Cuando esté listo, rocíelo con jugo de limón y espolvoree estragón por encima.

Salmón al limón sobre una cama de frijoles de Lima

Este nutritivo plato no sólo es colorido, sino también delicioso. El sabor picante del limón le da un carácter real y una patada. Los ingredientes nadarán junto con el lecho de frijoles, así que será una nueva delicia para disfrutar.

Calorías	Proteína	Carbohidratos	Lípidos
340	40	25	8

Ingredientes:

- 3 dientes de ajo, en rodajas
- 1 limón, cortado en rodajas, en su jugo y rallado
- 1 libra de frijoles de lima baby
- 2 cucharaditas de aceite de oliva virgen extra

- ¾ tsp orégano
- 2 cucharadas de perejil picado
- ¾ cucharadita de pimentón
- 1 pizca de hojuelas de pimienta
- 1 ½ tazas de agua
- ½ taza de yogur griego
- sal y pimienta, al gusto

Instrucciones:

1. Precaliente la parrilla. Forre una bandeja de hornear con papel de aluminio.

2. En un tazón, junte el jugo de limón con el yogur. Añada ¼ cdta. de pimentón. Déjelo a un lado.

3. En una cacerola, caliente el aceite y saltee el ajo, las hojuelas de pimienta y el orégano hasta que el ajo se dore.

4. Añada los frijoles de lima, el agua y la cáscara de limón. Deje que los ingredientes se cocinen a fuego lento con la sartén ligeramente cubierta. Manténgalo cocinando hasta que los frijoles estén cocidos y tiernos. Sazone con sal y pimienta al gusto.

5. Retire la cacerola del fuego y luego agregue el perejil.

6. Añada la 1 cucharadita de aceite de oliva y el yogur. Mézclalo lentamente.

7. En otro bol, juntar el pimentón restante y sazonarlo con sal y pimienta, a gusto.

8. Ponga el salmón en el plato de hornear preparado. Cubrir cada salmón con rodajas y sazonar con la mezcla de pimentón.

9. Ase el salmón hasta que esté bien cocido.

10. Disponga los frijoles de lima en un plato y ponga el salmón asado encima. Cúbrelo con la mezcla de limón y yogur preparada anteriormente.

Moussaka de vegetales

La Moussaka es un plato originario de Grecia y el Medio Oriente. Es como un pastel salado, que se parece mucho a una lasaña italiana, pero normalmente está lleno de berenjenas, patatas y puede o no contener carne. Es verdaderamente delicioso.

Calorías	Proteína	Carbohidratos	Lípidos
341	16	36	17

Ingredientes:

- 1/8 cucharadita de canela
- 3 berenjenas en rodajas
- 2 dientes de ajo, picados
- 2 cebollas, en rodajas

- 1 cucharadita de jarabe de arce (opcional)
- 1 cucharada de aceite de oliva
- 1 pizca de pimienta de cayena
- 12 oz de tofu firme ahumado
- 1 lata de tomates ciruela, escurridos y cortados en dados (guardar el jugo)
- 1 cucharada de pasta de tomate
- sal y pimienta, al gusto

Salsa bechamel

- 2 ½ tazas de leche de almendras
- 1/8 cucharadita de nuez moscada, molida
- ½ cucharadita de sal
- 2 cucharadas de fécula de patata
- 2 cucharadas de levadura nutricional

Instrucciones:

1. Caliente los cubos de tomate junto con el jugo de tomate en una sartén. Déjelo hervir durante unos 10 minutos o hasta que la salsa se espese.

2. Añada el jarabe de arce, el puré de tomate, la canela, la sal y la pimienta. Revuelva bien y luego retire la cacerola del fuego.

3. Cepillar las berenjenas con aceite de oliva y sazonar al gusto con sal. Fríe las berenjenas en una sartén hasta que estén bien doradas. Déjelas en una toalla de papel para quitar el exceso de aceite.

4. Caliente el aceite en otra sartén y fríe la cebolla y el ajo. Cocina hasta que las cebollas estén translúcidas. Añada el tofu ahumado y deje que se desmorone. Añada la salsa de tomate y mézclalo bien. Hazte a un lado.

5. Precalentar el horno a 200 C. Prepare y engrase una fuente para hornear.

6. Disponga las berenjenas sazonadas en un plato para hornear. Haga una capa de berenjenas y luego cúbrala con la salsa de tomate y tofu. Haga otra capa de berenjenas y luego agregue el resto de la salsa de tomate y tofu. Ponga esto a un lado.

7. Crear la bechamel. En una cacerola, caliente ½ taza de leche de almendras. Añadir la levadura, el almidón, la nuez moscada y la sal. Caliente todo hasta que la salsa se espese o unos 5-10 minutos.

8. Tome la fuente de horno con las berenjenas y vierte la salsa bechamel sobre ella. Ponga el plato en el horno. Deje que los ingredientes se horneen hasta que la parte superior tenga un hermoso color marrón dorado, o durante unos 25-30 minutos.

Mejillones con aceitunas y patatas

¿Quiere comer mariscos? Este plato de mariscos no se parece en nada a lo que esperabas. Los sabores le sorprenderán y le harán sonreír, especialmente si le gustan los mejillones. Las aceitunas y las patatas le dan una textura diferente y lo hacen mucho más agradable con cada bocado.

Calorías	Proteína	Carbohidratos	Lípidos
345	23	30	14

Ingredientes:

- 1 pizca de pimienta inglesa
- 4 dientes de ajo, en rodajas
- 2 ¼ lbs mejillones, fregados
- 2/3 taza de aceitunas verdes, deshuesadas y cortadas por la mitad
- 2 cucharadas de aceite de oliva virgen extra

- 1 cebolla en rodajas
- ½ cucharadita de pimentón
- ½ taza de perejil picado
- 1 pizca de pimienta de cayena
- 2 patatas, en trozos
- 1 pizca de sal
- 1 lata de tomates, cortados en cubos

Instrucciones:

1. En un recipiente para microondas, sumerja los trozos de papa y sumérjalos en agua de ¼ pulgadas. Cúbrelo y luego ponlo en el microondas. Caliéntelo durante unos 6 minutos o hasta que las patatas estén tiernas. Drene el agua.

2. En una olla grande (u horno holandés), calentar un poco de aceite. Saltee el ajo y la cebolla hasta que las cebollas estén translúcidas.

3. Añada las papas, junto con la pimienta de cayena, pimentón, pimienta de Jamaica y 1 ½ cdta. de sal. Revuelva bien todo para asegurarse de que las patatas estén bien cubiertas con las diferentes especias.

4. Añada los tomates y añada 1 taza de agua. Raspe el fondo de la maceta si algo se doró al quedar atascado. Deje que los ingredientes se cocinen a fuego lento durante unos 10 minutos o hasta que las patatas estén tiernas.

5. Añada los mejillones, el perejil y las aceitunas. Manténgalo cocinando durante 5 minutos o hasta que los mejillones se abran. Revisa los casquillos. Asegúrese de deshacerse de los que no se abrieron.

Pollo al limón

Este plato de pollo no sólo es saludable, sino también muy delicioso. Los sabores de los ingredientes se mezclan perfectamente, para cada jugoso bocado.

Calorías	Proteína	Carbohidratos	Lípidos
517	30.8	65.1	16.7

Ingredientes:

- 4 filetes de pechuga de pollo sin piel, cortados por la mitad
- 4 dientes de ajo, prensados
- 1 limón, en rodajas
- 2 cucharadas de jugo de limón
- 2 cucharadas de cáscara de limón
- ¼ taza de aceite de oliva

- 1 cebolla, calzada
- 1 cucharada de orégano
- ½ cucharadita de pimienta
- 1 pimiento rojo en rodajas
- 8 patatas rojas pequeñas, cortadas por la mitad
- ¾ cucharadita de sal

Instrucciones:

1. Precalentar el horno a 2000C
2. En un recipiente, junte la cáscara de limón, el jugo de limón, el aceite de oliva, el orégano, el ajo, la sal y la pimienta. Mezclar todo. Déjelo a un lado.
3. Disponga las rebanadas de pollo marinadas en un plato para hornear. Esparce el adobo de limón sobre las lonchas de pollo.

4. Combine las papas rojas pequeñas, las cebollas, las rebanadas de limón y el pimiento rojo en un tazón. Vierta el resto del adobo sobre las verduras. Recúbralos bien y luego agréguelos a la bandeja de hornear.

5. Ponga el plato en el horno y déjelo hornear hasta que el pollo esté cocido.

Berenjena y eneldo en salsa de yogur

¿Le gustaría una comida ligera pero sabrosa? No tiene carne, pero la berenjena te ayudará a llenarte. El yogur y la salsa de eneldo serán maravillosos. Estoy seguro de que lo encontrará interesante.

Calorías	Proteína	Carbohidratos	Lípidos
256	5	14	21

Ingredientes:

- 1 pizca de eneldo
- 3 dientes de ajo, sin pelar
- 1 libra de berenjena, picada
- ¼ taza de aceite de oliva
- 3 chalotas, sin pelar
- 1 cucharada de nueces

- ½ taza de yogur natural

- sal y pimienta, al gusto

Instrucciones

1. Precaliente el horno a 200°C. Prepare una hoja para hornear.

2. En la bandeja de hornear, mezclar la berenjena, los chalotes, el ajo, el aceite de oliva, la sal y la pimienta. Asegúrese de que estén bien mezclados. Póngalo en el horno. Asado durante unos 30 minutos.

3. Sáquelos y añada las nueces, y vuelva a ponerlos en el horno. Deje que se cocine durante 8 minutos y luego deje que se enfríe un poco.

4. Toma los chalotes y el ajo y sácalos de su piel. Tráigalo de vuelta al plato.

5. Añada eneldo fresco y cúbralo con yogur. Sazone con sal y pimienta al gusto.

Chuletas de cordero a la parrilla con hojas de menta

¿Alguna vez ha comido cordero? La mejor manera de apreciar la riqueza de la carne de cordero es usar menta, ya que resalta los buenos sabores. Algunas personas se sienten intimidadas por el cordero, pero tú no deberías estarlo. Este plato es fácil de preparar y seguramente lo disfrutará.

Calorías	Proteína	Carbohidratos	Lípidos
238	20	1	17

Ingredientes:

- 2 dientes de ajo, aplastados
- 12 costillas de cordero
- ½ taza de menta fresca, picada

- 1/3 taza de aceite de oliva virgen extra
- ¼ cucharadita de copos de pimienta
- 1 pizca de sal

Instrucciones:

1. Precalentar la parrilla a fuego medio
2. En un tazón, junte el aceite de oliva, las hojuelas de pimiento rojo y la menta. Sazonarlo con sal, al gusto. Déjelo a un lado.
3. Coge las chuletas de cordero y frótalas con ajo. Tome un poco de la mezcla de menta y cepíllela sobre los trozos de cordero.
4. Ase las chuletas de cordero unos 4 minutos por cada lado.
5. Una vez hecho esto, coloque las chuletas de cordero en una bandeja. Espolvoréelo con menta fresca y vierta el aceite de menta sobre él.

Garbanzos y Espinacas

Este plato también es conocido como Espinacas con Garbanzos, es una perfecta comida ligera o guarnición. Tiene profundas raíces africanas y un sabor muy interesante.

Calorías	Proteína	Carbohidratos	Lípidos
169	7.3	26	4.9

Ingredientes:

- ½ cucharadita de comino
- 4 dientes de ajo, picados
- 1 lata de garbanzos, escurridos
- 1 cucharada de aceite de oliva virgen extra
- ½ cebolla, picada
- ½ cucharadita de sal

- 10 oz de espinacas, picadas

Instrucciones:

1. En una cacerola pequeña, calentar el aceite de oliva y saltear la cebolla y el ajo hasta que las cebollas estén translúcidas.

2. Añada las espinacas, el comino, los garbanzos y la sal. Revuelva bien todo y trate de hacer puré los garbanzos mientras cocina.

Salmón a la parrilla con aceitunas y tomillo

Este plato de salmón a la parrilla es emocionante. El método de cocción con papel de aluminio asegura que la carne absorba todo el sabor durante la cocción. Y le encantará la forma en que todo el sabor explota al abrirlo. Asegúrese de experimentar este momento.

Calorías	Proteína	Carbohidratos	Lípidos
493	36.2	9.5	34.4

Ingredientes:

- 4 piezas (12x18 pulgadas) de papel de aluminio
- 8 hojas de albahaca
- 2 cucharadas de tapenade de aceitunas
- 4 cucharadas de aceite de oliva virgen extra
- 1 pizca de pimienta negra

- 4 filetes de salmón

- ½ cucharadita de sal

- 1 chalota, picada

- 4 ramas de tomillo

- 10 oz de tomates cherry, en cuartos

Instrucciones:

1. Precaliente la parrilla y engrásela ligeramente.

2. En un recipiente, junte el aceite de oliva, los tomates, la tapenade de aceitunas, el chalote, el tomillo, la sal y la pimienta.

3. En un papel de aluminio, coloque un trozo de salmón y cúbralo por completo con el adobo de tomate cherry. Doblar los bordes para crear una especie de paquete con el pescado y el escabeche en el interior.

4. Disponga los paquetes en la parrilla. Deje que se cocine durante unos 7-8 minutos o hasta que la piel

del salmón alcance un color rosa pálido. Déjelo reposar un rato antes de abrirlos.

Pizza de coliflor en salsa griega de pesto de yogur

¿Quién dice que la pizza no puede ser saludable? Esta pizza de coliflor es baja en carbohidratos y deliciosamente vegetariana. No parece vegetariano porque la salsa pesto de yogur griego está increíblemente fuera del menú.

No se deje intimidar por la pasta. Esta receta no es tan difícil, así que adelante y pruébela usted mismo.

Calorías	Proteína	Carbohidratos	Lípidos
331	10	15	30

Ingredientes:

Corteza

- 12 tazas de coliflor picada

- 1 1/3 taza, 4 cucharadas de queso parmesano, rallado

- 2 claras de huevo
- 1 cdta., 1 cda. de ajo, picado
- 1 cucharadita de condimento italiano
- Sal y pimienta, a gusto

Salsa

- ½ taza de albahaca, picada
- 2 cucharaditas de ajo, picado
- 1 cucharada de aceite de oliva
- ½ taza de yogur griego
- sal y pimienta, al gusto

Guarniciones

- 1 pizca de albahaca (para la guarnición)
- ½ taza de queso parmesano
- ½ cucharada de aceite de oliva
- 3 tomates Roma, en rodajas

- 1 calabacín en rodajas

Instrucciones:

1. Precaliente el horno a 200oC. Forre una bandeja de pizza con papel pergamino.

2. En un procesador de alimentos, ponga la coliflor y mézclela hasta lograr la textura adecuada para la corteza. Usted puede abordarlos por lotes para poder molerlos correctamente.

3. En un recipiente para microondas, transfiera toda la coliflor y caliéntela durante 7 minutos. Deje que se enfríe durante unos 10-15 minutos y luego escúrralo del exceso de agua con una toalla de papel. tiene que hacer esto bien si no quiere tener una corteza empapada.

4. Lleva la coliflor escurrida de vuelta al tazón.

5. Añada el condimento italiano, sal, ajo, 1 1/3 tazas de queso parmesano y pimienta. Mezclar todo bien.

6. Añada las claras de huevo y mézclalo bien, luego divide la "masa" en cuatro bolas.

7. Extienda las bolas en las bandejas de la pizza, permitiendo que una cresta forme el borde de la pizza. Ponga la corteza en el horno y déjela hornear durante unos 30 minutos o hasta que esté dorada.

8. Mientras tanto, junte el yogur, el ajo y la albahaca en el procesador de alimentos y deje que los ingredientes funcionen hasta que esté cremoso y suave. Añada gradualmente el aceite de oliva a medida que vaya mezclando las cosas. Déjelo a un lado.

9. Precaliente la parrilla.

10. En un tazón, junte el calabacín, el aceite de oliva, los tomates, la sal y la pimienta.

11. Sacar la corteza del horno y montar la pizza.

12. Espolvorea queso en la corteza. Esparza la salsa de yogur en la superficie y luego coloque las verduras

asadas encima. Ase las pizzas hasta que el queso se derrita.

Albóndigas de pavo Gyro

Un gyro es un sándwich, pero a diferencia de tu típico sándwich, el pan que se usa es un pan plano o pita. Una deliciosa salsa de yogur llamada Tzatziki acompaña a esta albóndiga giratoria. Todo en este plato es simplemente delicioso.

Calorías	Proteína	Carbohidratos	Lípidos
429	28	38	19

Ingredientes:

Albóndigas

- 2 dientes de ajo, picados
- 2 cucharadas de aceite de oliva
- ¼ taza de cebolla, cortada en cubitos
- 1 cucharadita de orégano

- 1 taza de espinacas picadas
- 1 libra de pavo molido
- sal y pimienta, al gusto

Salsa

- 4 panes planos de trigo integral
- ¼ taza de pepino, rallado
- 1 taza de pepino, cortado en cubos
- ½ tsp dill
- ½ cucharadita de ajo en polvo
- 2 cucharadas de jugo de limón
- ½ taza de cebolla en rodajas
- 1 taza de tomate, cortado en cubos
- ½ taza de yogur griego
- sal, al gusto

Instrucciones:

1. En un recipiente grande, junte el pavo molido, la cebolla, el orégano, el ajo, las espinacas, la sal y la pimienta. Mezcle todo con sus manos y forme bolas de aproximadamente 1 pulgada de tamaño. Asegúrese de que se mantengan juntos lo suficiente.

2. En una sartén, calentar el aceite y cocinar las albóndigas durante unos 4 minutos cada una o hasta que se doren por todos lados. Déjelo descansar tan pronto como esté hecho.

3. En un recipiente, junte el pepino rallado, el yogur, el eneldo, el jugo de limón, el ajo en polvo y la sal. Mezclar todo. Esta es su salsa Tzatziki.

4. Ahora puede construir tu giroscopio. Usando un pan plano, disponga tres albóndigas y rellénelas con tomates, pepino y cebolla. Cúbralo generosamente con la salsa Tzatziki para darle una magnífica patada.

Postres

Crema agria de bayas y crema agria Brulee

Cierre los ojos e imagina esto: un jardín de frambuesas y fresas nadando en crema agria. Los sabores contrastantes están bien sellados por la riqueza del azúcar moreno. Por supuesto, cuando se sirve delante de sí mismo, siempre hay espacio para el postre. Y con razón, ya que este plato es hermoso, delicioso y bueno para el corazón.

Calorías	Proteína	Carbohidratos	Lípidos
172	1.8	17.1	11.5

Ingredientes:

- 2 tazas de frambuesas
- 2 tazas de fresas
- 2 tazas de crema agria
- ½ taza de azúcar moreno

Instrucciones:

1. Precalentar la parrilla. Preparar un plato para hornear
2. Esparcir las fresas y las frambuesas en la bandeja de hornear
3. Esparcir la crema agria sobre las bayas con una espátula
4. Usando sus manos, espolvoree azúcar moreno sobre todo el plato
5. Ponga el plato en el horno. Deje que los ingredientes se horneen hasta que el azúcar se derrita y se

caramelice. Eso debería tomar unos 5 minutos, pero obsérvelo de cerca para que no se queme.

Ensalada de frutos rojos en jarabe de vainilla y limón

Los frutos son de diferentes colores, pero el más importante de ellos es el rojo. El rojo es casi sinónimo de maduro y rico. Grita por el sabor. Esta ensalada de frutas va a ser memorable. Los sabores son interesantes y realmente deliciosos. Sé un poco creativo con la guarnición. puede usar menta, semillas de sésamo negro, crema batida, copos de coco tostados o polen de abeja. La cobertura debe ser algo que atraiga su postre, si el sonido de una ensalada de frutas no es suficiente.

Calorías	Proteína	Carbohidratos	Lípidos
235	3	58.7	1

Ingredientes:

Ensalada

- 2 tazas de cerezas, sin hueso y cortadas por la mitad
- 2 melocotones, en rodajas
- 1 taza de frambuesas
- 1 ruibarbo en rodajas
- 1 libra de fresas, sin cáscara y en rodajas

Jarabe

- 3 limones
- ½ taza de azúcar
- 1 grano de vainilla
- ¼ taza de agua

Instrucciones:

1. Tome un limón y tome la cáscara con un pelador. Exprima los limones, hasta que tenga cerca de ¼ taza de jugo. Déjelo a un lado.

2. Parta la vaina de vainilla y retire las semillas.

3. En una cacerola, reúna la cáscara de limón, las vainas de vainilla, el agua y el azúcar. Cocine todo hasta que el azúcar se disuelva.

4. Añada el jugo de limón. Deje que se enfríe y luego retire las semillas y la cáscara.

5. Guarde el jarabe en el refrigerador para que se enfríe.

6. En un bol, junte el ruibarbo y unas 3 cucharadas del jarabe de limón y vainilla. Déjelo reposar durante unos 15 minutos.

7. Añada los melocotones, las cerezas y las fresas. Añada el jarabe si crees que se está secando. Transfiera todo en un plato de servir. Añada las frambuesas y cúbralo con crema batida y jarabe extra.

Pudín de yogur y de Chía

¿Quién dice que los postres dulces tienen que ser malos? Es una verdadera potencia nutricional. No dude en utilizar la fruta de su elección para obtener el sabor y el color deseados. Este postre se ve y sabe muy bien.

Calorías	Proteína	Carbohidratos	Lípidos
263	10.4	21.1	15.9

Ingredientes:

- 2/3 taza de semillas de chía

- 1 cucharadita de canela, molida

- 2 cucharadas de semillas de lino

- 1 taza de frutas (arándanos, fresas, arándanos rojos, plátanos)
- 2 cucharadas de semillas de cáñamo, descascaradas
- 1 cucharada de jarabe de arce (o miel)
- 1 taza de leche de soja sin endulzar
- 1 cucharadita de extracto de vainilla
- 1 taza de yogur griego

Instrucciones:

1. En un recipiente, reúna el yogur griego y la leche de soja. Mézclalo bien.
2. Añada las semillas de lino, las semillas de cáñamo, el jarabe de arce o la miel, el extracto de vainilla y la canela. Mezclar todo bien.
3. Añada las semillas de chía.

4. Cúbralo todo y refrigérelo durante 15 minutos. Sáquelo brevemente y mezcle todo bien. Si cree que se ve demasiado seco, no dude en añadir más leche de soja. Llévelo de nuevo al refrigerador y déjelo enfriar allí durante aproximadamente una hora.

Manzanas y nueces con yogur de crema batida

¿Qué es el yogur de crema batida? Es crema y yogur batidos para dar cremosidad a un postre como este. El yogur de crema batida es grueso y suave y es una cama perfecta para la fruta y las nueces. En la boca parece helado, pero es menos pecaminoso.

Calorías	Proteína	Carbohidratos	Lípidos
315	6.4	26.7	21.9

Ingredientes:

- 2 manzanas, sin corazón y picadas
- 2 cucharadas de mantequilla sin sal
- 1/8 cucharadita de canela molida

- ½ taza de crema pesada

- 1 cucharada de miel

- 2 cucharadas de azúcar

- ¼ taza de nuez, tostada y picada

- 1 taza de yogur griego

Instrucciones

1. En un bol, ponga la crema, el yogur y la miel juntos. Mezcle bien, a mano o con una licuadora, hasta que la mezcla se espese y alcance su máximo.

2. En una sartén grande, caliente la mantequilla. Añada las manzanas y una cucharada de azúcar. Revuelva hasta que las manzanas estén tiernas, unos 8 minutos. Tan pronto como estén suaves, añada la canela y la cucharada de azúcar restante. Cocine durante unos 2 minutos más, luego retira del fuego.

3. Colóquelo en un bol con la crema batida en el fondo y las manzanas y nueces en la parte superior.

Yogur de granola con pistacho

Este simple postre no parece gran cosa, pero el tradicional baklava le da su sabor. Pero este se vuelve más saludable para que puedas disfrutar del mismo delicioso sabor sin sentirte demasiado culpable por disfrutar de algo bueno. Tiene un alto contenido de proteínas y fibras y se puede disfrutar como postre o merienda.

Calorías	Proteína	Carbohidratos	Lípidos
320	18	36	13

Ingredientes:

- 1/3 taza de albaricoques secos, picados
- 2 cucharadas de mantequilla sin sal
- 1 cucharadita de canela molida
- 1 clara de huevo
- 2 cucharadas de miel

- 2 tazas de copos de avena enrollados
- 2 cucharaditas de ralladura de naranja
- ½ taza de pistachos salados asados, picados
- 2 tazas de yogur griego

Instrucciones:

1. Precalentar el horno a 175oC
2. En un tazón, reúna la avena, la mantequilla, la miel, la cáscara de naranja y la canela. Mezclar todo bien.
3. En otro tazón, bate el huevo. Continúe batiendo la mezcla hasta que haga espuma y luego agréguela a la mezcla de avena. Deje secar esta mezcla en una toalla de papel.
4. Transfiera todo al molde de hornear y póngalo en el horno. Deje que los ingredientes se horneen durante unos 25 minutos. deje que se enfríe.

5. Una vez enfriado, rompa todo en pequeños grupos. Añada los albaricoques secos y los pistachos salados asados. Servir en una cama de yogur griego.

Uvas y queso de cabra con bayas de trigo

Después de una comida completa, querrá algo dulce para entretener su paladar, y este simple postre de uva va a ser interesante. El contraste de los sabores del queso de uva y de cabra explotará maravillosamente en su boca. La textura de las uvas le dará carácter y hará que cada mordisco sea verdaderamente memorable. Siéntase libre de desayunar. puede prepararlo con antelación si no tiene tiempo por la mañana.

Calorías	Proteína	Carbohidratos	Lípidos
326	9	54	10

Ingredientes:

- 1 oz de queso de cabra

- 1 cucharadita de vinagre balsámico

- 2 tazas de bayas de trigo

- 1 libra de uvas rojas sin semillas

- 1 cucharada de aceite de oliva

- ¼ cucharadita de sal

- ¼ taza de nueces tostadas, picadas

Instrucciones:

1. Precalentar el horno a 200 C

2. En un molde para hornear, junte las uvas, el aceite de oliva y la sal. Mézclelo bien para que las uvas estén bien condimentadas. Póngalo en el horno y hornee durante unos 15 minutos.

3. Una vez hecho esto, transfiera las uvas al tazón. Añada el vinagre. Mezclar todo bien.

4. Tome las bayas de trigo y divídalas en 4 tazones. Cubrir cada tazón con la mezcla de uvas. Espolvorear todo con nueces picadas y queso de cabra antes de servir.

Ensalada Arco Iris

El arco iris es un hermoso espectáculo que suele aparecer en el cielo después de un episodio de lluvia. Es un hermoso despliegue de colores y cuando hablamos de colores, está bien representado por varias frutas. Para este simple y saludable postre, se cosechan y preparan las frutas más selectas y hermosas. Es bajo en calorías, ¡pero es increíble!

Calorías	Proteína	Carbohidratos	Lípidos
87	1.1	22.3	0.4

Ingredientes:

- ½ pinta de arándanos
- 1 taza de uvas sin semillas, cortadas por la mitad
- 2 cucharadas de miel
- 2 cucharadas de jugo de lima

- 1 cucharada de menta, picada

- 1 melocotón, deshuesado y cortado en dados

- Fresas de 1 pinta, cortadas por la mitad

Instrucciones:

1. En un bol grande, reúna el jugo de limón y la miel. Mezclarlas bien hasta que se incorporen adecuadamente.

2. Añada los arándanos, fresas, uvas y melocotones. Revuelva todo bien, asegurándose de que las frutas estén adecuadamente cubiertas.

3. Cubrirlo con hojas de menta

Quinoa con jengibre y plátanos

Los sabores de cualquier pan de jengibre recuerdan a una ocasión especial: la Navidad. Esta simple receta de pan de jengibre es el postre o el desayuno perfecto para todos durante las alegres fiestas en las que todos se lo pasan tan bien.

Calorías	Proteína	Carbohidratos	Lípidos
213	4.5	41	4.1

Ingredientes:

- 1/3 cucharadita de pimienta inglesa molida
- ¼ taza de almendras, en tiras
- 3 plátanos, puré
- 1 cucharada de canela
- 1 cucharadita de clavos molidos

- 1 cucharadita de jengibre molido
- ¼ taza de jarabe de arce
- 2 ½ tazas de leche de almendra y vainilla
- ¼ melaza de taza
- 1 taza de quinua cruda
- ½ cucharadita de sal
- 2 cucharaditas de extracto de vainilla

Instrucciones:

1. En una cacerola profunda, combine los plátanos, el jarabe de arce, el extracto de vainilla, la melaza, la canela, el clavo, el jengibre, la pimienta de Jamaica y la sal. Mezclar bien, luego agregar la quinua hasta que esté bien mezclada.

2. Añada la leche de almendras y mezcle. Mantén todo en la nevera durante la noche.

3. Cuando esté listo para preparar el plato, precaliente el horno a 175°C.

4. Tome la mezcla de quinua enfriada y bátala para asegurarse de que nada se ha asentado en el fondo. Cubra el plato con papel de aluminio y póngalo en el horno. Hornear durante 1 hora y 15 minutos.

5. Retire el plato y espolvoree las almendras. Encienda el horno y cocine hasta que las nueces estén doradas. Sáquelos y déjelos enfriar antes de comerlos.

Yogur congelado con queso feta

Si desea algo dulce y refrescante, especialmente en un día caluroso, este es el regalo perfecto. Esta receta de postre es muy fácil de hacer, pero es divertida y deliciosa. Nadie considera el queso feta como un postre, pero le hará cambiar de opinión.

Calorías	Proteína	Carbohidratos	Lípidos
161	6.6	11.8	10

Ingredientes:

- ½ taza de queso feta
- 1 cucharada de miel
- 1 taza de yogur griego

Instrucciones:

1. En un procesador de alimentos, reúna todos los ingredientes y mezcle todo hasta que esté suave. Transfiera los ingredientes mezclados a un recipiente con la boca llena y póngalo en el congelador.

2. Saque la mezcla congelada y tritúrela en trozos.

3. En una licuadora, agregue unas cuantas cucharadas y leche o agua, y luego mezcle la mezcla congelada. Haga esto hasta que logre una mezcla suave. Rocíalo con miel antes de servirlo.

Tortitas de yogur y bayas

Los tortitas pueden no ser muy populares como postre, pero algunas personas aprecian una tortita afrutada como un regalo para después de la cena. ¿Quién dice que sólo se puede comer tortitas por la mañana, verdad? Este plato es simple y satisfactorio.

Calorías	Proteína	Carbohidratos	Lípidos
258	11	33	8

Ingredientes:

- 2 cucharaditas de polvo de hornear
- 1 cucharadita de bicarbonato de sodio
- ½ taza de arándanos (opcional)
- 3 cucharadas de mantequilla sin sal, derretida
- 3 huevos

- 1 ½ taza de harina para todo uso

- ½ leche de taza

- ¼ cucharadita de sal

- ¼ taza de azúcar

- 1 ½ tazas de yogur griego

Instrucciones:

1. En un tazón, junte la harina, el polvo de hornear, la sal y el bicarbonato de sodio. Déjelo a un lado.

2. En otro tazón, junte la mantequilla, los huevos, el azúcar, los huevos, el yogur y la leche. Mezclar todo hasta que la mezcla esté suave.

3. Combine los ingredientes secos y húmedos. Mezcle hasta que esté suave, luego déjelo reposar por unos 20 minutos.

4. Dobla los arándanos si vas a usarlos.

5. Engrasar la plancha con mantequilla en spray o mantequilla. Caliente la plancha y vierta

aproximadamente ¼ taza de la masa y comience a cocinar los tortitas. Deje que se cocinen hasta que la superficie burbujee. Voltee el panqueque y cocine el otro lado. Colóquelo a un lado en un plato y prepare la masa restante.

6. Sirva la pila de tortitas con una cucharada de yogur griego. Cubra todo con bayas variadas para dar más sabor y textura.

CAPÍTULO 4: SU PLAN DE COMIDA MEDITERRÁNEA DE 14 DÍAS

Un plan de comidas es un horario de comidas. Los cocineros caseros o los planificadores de interiores se toman un momento de su tiempo para sentarse y trabajar en los detalles de las comidas que van a tener en la próxima semana o mes.

¿Alguna vez ha planeado una comida? Como recién llegado a la dieta mediterránea, entienda que no será fácil romper con las viejas rutinas y sumergirse en un nuevo estilo de vida. Pero su esfuerzo será más fructífero si es más sistemático.

La importancia de la planificación de las comidas: Desarrollo de su plan de comidas para la dieta mediterránea

Si no está acostumbrado a planificar las comidas, esto puede parecer excesivo. Puede que piense que es una pérdida de tiempo tener que sentarse y preocuparse por lo que vas a comer el mes que viene.

Sin embargo, la planificación es esencial por las siguientes razones;

1. **Se ahorra mucho tiempo.** ¿Sabe, cuando está a punto de preparar una comida y pasa unos buenos minutos mirando la nevera y la despensa, tratando de averiguar qué cocinar y se siente atascado? Usted quiere cocinar algo, pero se da cuenta de que no tiene los ingredientes para hacerlo. Todo es estresante.

   Pero si se sienta y hace un plan de comidas por adelantado, no tiene que pensar en lo que va a hacer. Una vez que usted ha elaborado su menú, puede ir de compras y obtener los suministros que necesita. Esto le ahorrará mucho tiempo y esfuerzo.

2. **Es más económico.** Ya que tiene tiempo para planear sus comidas, puede evitar el desperdicio excesivo de ingredientes. Puede comprar componentes que puede utilizar para ciertas comidas, lo que le permite maximizar la utilidad de los alimentos de su despensa.

El problema de la cocina innecesaria es que no tiene un plan. Vaya al supermercado y consigua varios ingredientes que puede o no necesitar.

3. **Promueve una alimentación saludable.** En primer lugar, cuando prepare sus comidas, debe comprobar la receta para asegurarse de que sólo utiliza ingredientes saludables. La planificación de la comida mantiene los ingredientes organizadas porque puede prepararte con antelación. De esa manera, no se quedará sin opciones y no tendrá que recurrir a la comida para llevar o a las entregas de

comida. Cuando planifica sus comidas, asume la responsabilidad de elegir lo que va a poner en su plato, y puede asegurarse de que es saludable.

Semana 1: Plan de Alimentación Mediterránea

Día 1

	Plato	Contenido calórico
Desayuno	Tostado de aguacate	200
Almuerzo	Sopa de pollo Avgolemono	451
Cena	Ensalada de Farro	365
	Calorías:	1016

Día 2

	Plato	Contenido calórico
Desayuno	Tostadas de frijoles y fetas	354
Almuerzo	Pollo al limón	517
Cena	Sopa de patatas del Mediterráneo	111
	Calorías:	982

Día 3

	Plato	Contenido calórico
Desayuno	Tazón de Huevo y Quinua	366
Almuerzo	Moussaka de vegetales	341
Cena	Ensalada de garbanzos y calabacín	258
	Calorías:	965

Día 4

	Plato	Contenido calórico

Desayuno	Huevos escalfados en sartén	259
Almuerzo	Zuppa Di Pesce	393
Cena	Sopa de Limón y Pollo	330
	Calorías:	982

Día 5

	Plato	Contenido calórico
Desayuno	Huevos revueltos con espinacas y frambuesas	296
Almuerzo	Ensalada de rúcula con higo y nueces	403

Cena	Chuletas de cordero a la parrilla con hojas de menta	238
	Calorías:	937

Día 6

	Plato	Contenido calórico
Desayuno	Cuñas para tortilla de huevos con queso Brie y tocino	395
Almuerzo	Salmón asado con zanahorias, remolacha y naranjas	390

| Cena | Alcachofa provenzal | 147 |
| | Calorías: | 932 |

Día 7

	Plato	Contenido calórico
Desayuno	Avena de la noche a la mañana	258
Almuerzo	Ensaladera de Falafel	561
Cena	Garbanzos, Frijoles y Espinacas	169
	Calorías:	988

Semana 2: Plan de Alimentación Mediterránea

Día 8

	Plato	Contenido calórico
Desayuno	Tazón matutino de garbanzos y pepinos	365
Almuerzo	Berenjena y eneldo en el yogur	256
Cena	Sopa de papa	350
	Calorías:	971

Día 9

	Plato	Contenido calórico
Desayuno	tortitas de yogur de bayas	258
Almuerzo	Camarones. Sopa de Tomate y Arroz	456
Cena	Ensalada de Quinua y Pistacho con Grosella	248
	Calorías:	962

Día 10

	Plato	Contenido calórico
Desayuno	Bollitos del Mediterráneo	293

Almuerzo	Albóndigas de pavo Gyro	429
Cena	Ensalada griega fácil	293
	Calorías:	1015

Día 11

	Plato	Contenido calórico
Desayuno	Pudín de granola de pistacho	330
Almuerzo	Salmón a la parrilla con aceitunas y tomillo	493
Cena	Ensalada de coliflor con aderezo de tahina	165
	Calorías:	988

Día 12

	Plato	Contenido calórico

Desayuno	Pudín de yogur de Chia	263
Almuerzo	Garbanzo de papa horneada y calabacín,	534
Cena	Sopa de Pera y Calabaza	223
	Calorías:	1020

Día 13

	Plato	Contenido calórico
Desayuno	Uva y Queso de Cabra con Baya de Trigo	326
Almuerzo	Ensalada de limón en una cama de frijoles de Lima	340
Cena	Pizza de coliflor	331
	Calorías:	997

Día 14

	Plato	Contenido calórico
Desayuno	Quinua de Jengibre con Plátanos	213

Almuerzo	Mejillones, aceitunas y patatas	345
Cena	Ensalada búlgara	386
	Calorías:	944

El plan de comidas preparado para usted en este libro contiene sólo 1000 calorías. Un nivel sabroso y saludable para mantener es entre 1000-1500 calorías, así que siéntase libre de picar y tomar varios tragos en el medio.

Café

- Café negro 0 calorías

- Café con crema y un azúcar 32 calorías

- Café con leche desnatada 15 calorías

- Café con leche entera 28 calorías

Frutas (alrededor de 100 calorías)

- 2 manzanas 101 calorías
- 6 albaricoques 101 calorías
- 1 plátano 105 calorías
- 1 ½ taza de moras 100 calorías
- 1 ¼ taza de arándanos 97 calorías
- 2 taza de melón 106 calorías
- 20 cerezas 103 calorías
- 2 ¼ arándanos 98 calorías

- 30 uvas 101 calorías
- 1 ¼ pomelo 95 calorías
- 1 ¾ tazas de mielada 98 calorías
- 2 kiwis 93 calorías
- 1 taza de mango 107 calorías
- 2 naranjas 90 calorías
- 2 tazas de papaya, 109 calorías

- 2 ½ melocotones 96 calorías

- 1 pera 96 calorías

- 3 ciruelas 91 calorías

- 1 ¼ tazas de piña 103 calorías

- ½ granada 117 calorías

- 1 ½ tazas de frambuesas 99 calorías

- 25 fresas 96 calorías

- 2 tazas de sandía 100 calorías

Nueces (50 gramos)

- Castañas 101 calorías

- Anacardos 275 calorías

- Pistachos 275 calorías
- Almendras 288 calorías
- Cacahuetes 283 calorías

Vino (5 oz)

- Vino tinto 121-129 calorías
- Vino blanco 105-123 calorías
- Vino dulce 105-165 calorías

Pautas para la elaboración de un plan de comidas

En este capítulo se ofrece un ejemplo de un plan de comidas de 14 días. Puede usarlo como guía para construir el suyo propio.

- **Hacer que las comidas sean flexibles.** Aunque piense que ha planeado bien las cosas, la vida está llena de sorpresas, y puede que tenga que desviarse del plan (de vez en cuando). Puede intercambiar comidas o cambiar cosas. También puede salir a almorzar o a cenar. No le des demasiada importancia a esto.

- **Revise su despensa y refrigerador.** Para evitar el desperdicio excesivo de comida, asegúrese de modelar su plan de comidas con los ingredientes que ya tiene en su cocina. puede explorar diferentes recetas, pero no busques recetas con ingredientes únicos que no vayas a usar tanto.

- **Empieza a crear su colección de recetas.** Al crear su plan de comidas, recopilará recetas. Es una buena idea empezar a construir su colección. Puede escribirlas en tarjetas y ponerlas en una caja. Puede recoger recortes de periódico o imprimirlos de sitios web y luego ponerlos juntos en un libro claro. Lo importante es mantenerlos en el mismo lugar, para que sea más fácil para usted planificar sus comidas.

- **Haga noches temáticas.** Si desea iniciar las tradiciones gastronómicas para que la casa participe, puede hacer noches temáticas. El lunes puede ser la "noche de la pasta", el martes la "noche de la sopa", el miércoles la "noche de los frijoles" y así sucesivamente. Esta será su guía para planificar su comida. Y se ahorrará mucho esfuerzo.

- **No siempre tiene que cocinar.** Contrariamente a lo que mucha gente piensa sobre la planificación de las comidas. No es necesario preparar la comida todo el tiempo. La planificación de la comida es el proceso de establecer su menú por un período de tiempo determinado para ahorrarle dinero y esfuerzo. Pero entienda que puede ordenar comidas de sus restaurantes o vendedores favoritos. Incluso puede planear una cena al aire libre. Como si normalmente comiera fuera los fines de semana, póngalo en sus planes.

- **Practique la cocción por lotes.** La cocción por lotes es una estrategia eficaz de cocina casera que implica cocinar las comidas por adelantado y "congelarlas" para su uso posterior. Esto le ahorrará mucho tiempo cada día porque tendrá un día para cocinar y congelarlos.

La verdad es que la planificación de la comida será estresante al principio, pero una vez que le coga el truco, las cosa serán muy sencillas. Estos consejos le ayudarán a comenzar bien su nuevo estilo de vida y le ayudarán a ganar el día. ¡Buena suerte!

Conclusión

Usted es lo que come. A estas alturas ya tendría que haber decidido qué tipo de vida quiere llevar, porque vuestras decisiones dictarán la dirección que tomará vuestra vida. Puede que usted haya intentado varias dietas, pero nada ha funcionado. Ya tendría que saber que la dieta mediterránea es más que la comida de vuestro plato. Le enseña a disfrutar de la comida que come y a hacerlo en compañía de sus seres queridos.

Mantenerse sano y perder peso no se trata de pasar hambre y de todo tipo de restricciones dietéticas. Lo que promueve la dieta mediterránea es un estilo de vida que abarca la disciplina a través de la alimentación consciente y el ejercicio.

Los beneficios para la salud de seguir el modo de vida mediterráneo son inmensos. Ofrece beneficios holísticos que promueven un óptimo bienestar físico, mental, emocional y social. Ningún otro es tan saludable y con una carga positiva como este. Así que tome lo que ha aprendido en este libro y comience su viaje con un gran comienzo.

PALABRAS FINALES

Gracias de nuevo por comprar este libro.

Esperamos que este libro pueda ayudarle.

El siguiente paso es que se inscriba en **nuestro boletín de noticias por correo electrónico** para recibir actualizaciones sobre cualquier nuevo lanzamiento de libros o promociones. Puede inscribirse gratuitamente y, como bono, también recibirá nuestro libro "*7 errores de fitness que no sabe que está cometiendo*"! Este libro de bonificación desglosa muchos de los errores más comunes en el campo del fitness y desmitificará muchas de las complejidades y la ciencia de la puesta en forma. Tener todo este conocimiento y ciencia del fitness organizado en un libro de acción paso a paso le ayudará a comenzar en la dirección correcta en su viaje de fitness! Para unirse a nuestro boletín de noticias por correo electrónico y obtener su libro gratis, por favor visite el enlace y regístrese: **www.effingopublishing.com/gift**

Por último, si le ha gustado este libro, entonces nos gustaría pedirle un favor, ¿sería tan amable de dejar una reseña para este libro? Sería muy apreciado. ¡Gracias y buena suerte en su viaje!

SOBRE LOS COAUTORES

Nuestros nombres son Alex y George Kaplo; ambos somos entrenadores personales certificados de Montreal, Canadá. Empezaremos diciendo que no somos los más grandes que conocerán, y ese nunca ha sido nuestro objetivo. Empezamos a trabajar para superar nuestra mayor inseguridad cuando éramos más jóvenes, que era la confianza en nosotros mismos. Tal vez estés pasando por algunas dificultades ahora mismo, o tal vez quieras ponerte en forma, y ciertamente podemos llevarnos bien.

Siempre hemos estado interesados en el mundo de la salud y el bienestar físico y queríamos ganar músculo debido a las muchas intimidaciones que sufrimos durante nuestra adolescencia. Pensamos que podíamos hacer algo con el aspecto de nuestros cuerpos. Este fue el comienzo de nuestro viaje de transformación. No teníamos ni idea de por dónde empezar, pero ambos empezamos. A veces nos preocupábamos y temíamos que otras personas se burlaran de nosotros por hacer los ejercicios incorrectamente. Siempre quisimos tener un amigo que nos guiara y nos mostrara las cuerdas.

Después de mucho trabajo, estudio e innumerables pruebas y errores. Algunas personas comenzaron a notar que ambos estábamos en buena forma y que comenzábamos a interesarnos por el tema. Esto llevó a muchos amigos y caras nuevas a venir a nosotros y pedir consejos de fitness. Al principio parecía extraño cuando la gente nos pedía que les ayudáramos a ponerse en forma. Pero lo que nos hizo seguir adelante fue cuando empezaron a ver cambios en sus propios cuerpos y nos dijeron que era la primera vez que veían resultados reales! A partir de ese momento, cada vez más gente vino a vernos, y eso nos hizo darnos cuenta, después de tanto leer y estudiar en este campo, que nos ayudó, pero que también nos permitió ayudar a los demás. Hasta la fecha, hemos entrenado y capacitado a muchos clientes con algunos resultados bastante sorprendentes.

Hoy en día, somos dueños y operamos esta editorial, donde llamamos a escritores apasionados y expertos para que escriban sobre temas de salud y fitness. También tenemos un negocio de fitness online y nos gustaría ponernos en contacto contigo invitándote a visitar el sitio web en la siguiente página y a inscribirte en nuestro boletín electrónico (incluso recibirás un libro gratis).

Finalmente, si se encuentra en la situación en la que estábamos en el pasado y quiere ser guiado, por favor no dude en preguntar - ¡estaremos allí para ayudarle!

Sus entrenadores,

Alex y George Kaplo

Descargue otro libro gratis

Queremos agradecerle por la compra de este libro y ofrecerle otro libro (tan largo y valioso como este libro), "Errores en la salud y el acondicionamiento físico que no sabe que está cometiendo", completamente gratis.

Visite el siguiente enlace para inscribirse y recibirlo:

www.effingopublishing.com/gift

En este libro, *desglosaremos* los errores más comunes en materia de salud y fitness, que probablemente esté cometiendo ahora mismo, y revelaremos cómo puede ponerse rápidamente en la mejor forma de su vida.

Además de este valioso regalo, también tendrá la oportunidad de obtener nuestros nuevos libros de forma gratuita, participar en sorteos y recibir otros correos electrónicos útiles de nuestra parte. Una vez más, visite el enlace para registrarse:

www.effingopublishing.com/gift

Copyright 2019 por Effingo Publishing - Todos los derechos reservados.

Este documento de Effingo Publishing, propiedad de A&G Direct Inc. tiene por objeto proporcionar información precisa y fiable sobre el tema y la materia tratada. La publicación se vende en el entendimiento de que el editor no está obligado a prestar servicios de contabilidad oficialmente autorizados o de otro modo calificados. Si se requiere asesoramiento, legal o profesional, se debe instruir a una persona para que ejerza la profesión.

Una declaración de principios que ha sido aceptada y aprobada en igual medida por un comité de la American Bar Association y un comité de editores y asociaciones.

Bajo ninguna circunstancia es legal reproducir, duplicar o transmitir cualquier parte de este documento en forma electrónica o impresa. La grabación de esta publicación está estrictamente prohibida, y no se permite el almacenamiento de este documento sin el permiso escrito del editor. Todos los derechos reservados.

Se considera que la información proporcionada en el presente documento es verdadera y coherente en el sentido de que toda responsabilidad, ya sea por falta de atención o de otro modo, por cualquier uso o mal uso de cualquier política, proceso o instrucción contenida en el presente documento es responsabilidad única y absoluta del lector destinatario. En ningún caso el editor será responsable de ninguna compensación, daño o pérdida monetaria que se derive directa o indirectamente de la información contenida en el presente documento.

La información que se proporciona en el presente documento tiene fines informativos únicamente y, por consiguiente, es universal. La presentación de los datos no tiene contrato ni garantía de ningún tipo.

Las marcas comerciales utilizadas no tienen consentimiento, y la publicación de la marca comercial se realiza sin el permiso o la aprobación del propietario de la misma. Todas las marcas comerciales y marcas en este libro se mencionan sólo con fines de aclaración y son propiedad de los propios propietarios, que no están afiliados a este documento.

Para más libros interesantes, visite:

EffingoPublishing.com

www.ingramcontent.com/pod-product-compliance
Lightning Source LLC
Chambersburg PA
CBHW071813080526
44589CB00012B/783